Nicole Quint

Luzern

MIT VIERWALDSTÄTTER SEE

50 MIKROABENTEUER

ZUM ENTDECKEN UND GENIESSEN

360° medien

IMPRESSUM

Luzern mit Vierwaldstätter See
50 MIKROABENTEUER ZUM ENTDECKEN UND GENIESSEN
Nicole Quint

Nachtigallenweg 1 | 40822 Mettmann

Redaktion und Lektorat: Christine Walter

Satz und Layout: Elke Gräfe

Gedruckt und gebunden:
LD Medienhaus GmbH & Co. KG | Van-Delden-Str. 6-8 | 48683 Ahaus
www.ld-medienhaus.de

Bildnachweis: siehe Seite 256

ISBN: 978-3-96855-332-0
Hergestellt in Deutschland

360grad-medien.de

Nicole Quint

Luzern

MIT VIERWALDSTÄTTER SEE

50

MIKROABENTEUER

ZUM ENTDECKEN UND GENIESSEN

360° medien

Vorwort

Auf einem Antragsformular für Wiedergeburten würde ich Luzern als Wunschwohnort fürs nächste Leben ankreuzen. Warum? Falsche Frage! Die richtige muss lauten: Was hätte Gott tun können, wenn er Geld gehabt hätte? Er hätte sich eine der schönsten Städte der Welt am Vierwaldstättersee bauen lassen. Die kultivierten und wohlhabenden Schweizer haben sich diese göttliche Idee einfach geborgt und ein Meisterwerk geschaffen – Berge im Rücken, den See vor der Nase und ein Herz voller Kunst, Kultur und Kulinarik. Zwischen mittelalterlichen Altstadtgassen, Renaissance-Schätzen, Beachtlichem aus dem Barock und der Belle Époque bewahren die Luzerner das Geheimnis des guten Lebens und jeder, der nicht gerade eine merkwürdige Vorliebe fürs Mittelmaß pflegt, würde nirgendwo sonst als hier wohnen wollen.

Legionen von Chinesen, Arabern und Indern reisen jedes Jahr nach Luzern, um wenigstens ihre Ferien am Ufer des Vierwaldstättersees verbringen zu können. Umgekehrt hat man noch nicht davon gehört, dass Schweizer scharenweise nach Peking, Dubai oder Mumbai flögen, lieber besuchen sie die städtische Schönheitskönigin im eigenen Land. Ich war selbst viele Jahre lang Teil dieser eidgenössischen Besucherbewegung, als ich noch im Kanton Aargau wohnte und bei jeder sich bietenden Gelegenheit in den Zug gestiegen bin, um mich in knapp 50 Minuten nach Luzern bringen zu lassen. Es heißt ja, alle klugen Menschen in Luzern kamen aus anderen Schweizer Städten und je klüger sie waren, desto schneller kamen sie. Eine fiese Spöttelei, aber eine mit wahrem und sogar wissenschaftlich belegtem Kern. Eine großangelegte Studie der Universität St. Gallen kam vor einiger Zeit zu dem Ergebnis, dass die glücklichsten Schweizer in Luzern leben. Logisch, denn in Bern wird regiert, in Zürich und Basel fleißig Geld verdient und in Genf übt man sich in Diplomatie. Das Sonntagskind unter den Schweizer Städten darf einfach eine durch und durch erfreuliche Angelegenheit bleiben – schöner, als jedes Klischee erlaubt, komfortabel, sicher, gelassen und heiter. Die Stadt hat nichts Strenges oder Stolzes, nichts Prahlerisches. Luzern ist kein Snob, sondern eine offene, zugewandte und menschenfreundliche Stadt.

Zur Einstimmung für eine Reise an den Vierwaldstättersee habe ich 50 Plätze und Aktivitäten ausgewählt, die mal mitten hinein in den Trubel der Traumstadt führen, mal hinaus in die Natur an Stellen, die einfach gut tun, die zum Verweilen, zum Durchatmen und Staunen einladen. Oft sind es Orte, die etwas zu erzählen haben, die einen überraschen oder berühren. Orte, die im toten Winkel der touristischen Aufmerksamkeit liegen, aber auch solche, die aus gutem Grund zu den Highlights zählen, dann aber liegt die Aufmerksamkeit auf wenig beachteten, aber überaus spannenden Details.

Wo einem die Welt am schönsten erscheint, hängt immer auch von den eigenen Vorlieben und Träumen ab. Dass man an den richtigen Ort gelangt ist, weiß man aber bei seinem allerersten Luzern-Besuch noch bevor man das Gepäck ins Hotel gebracht hat. Probieren Sie es aus!

Nicole Quint

Inhaltsverzeichnis

Häuser am Weinmarkt

Aus Gründen der besseren Lesbarkeit wird auf eine geschlechtsneutrale Differenzierung verzichtet. Entsprechende Begriffe gelten im Sinne der Gleichbehandlung grundsätzlich für alle Geschlechter. Die verkürzte Sprachform beinhaltet keine Wertung.

Willkommen

IN LUZERN

Wo der Mann abgeblieben ist, der nur kurz Zigaretten holen wollte und dann nicht wiederkam? Eine heiße Spur führt nach Luzern. Alles an dieser Stadt kommt so charmant, lässig und kultiviert daher, dass jeder in Versuchung geraten könnte, einfach abzuhauen, um die Trübsal der heimischen Routine gegen ein Leben wie Gott am Vierwaldstättersee zu tauschen. Endlich am Ziel seiner Träume angekommen, überfällt einen prompt die Stubenhockersturheit und man mag sein Zimmer gar nicht mehr verlassen. Es braucht schließlich keine andere Welt als die vor dem Balkon – eine Choreografie aus Wasser, Bergen, Licht und einer leichten Brise. Draußen aber wartet die Leichtigkeit des Luzerner Lebens mit schönen Menschen, großartigen Bauwerken und fangfrischen Felchenfilets. Am Morgen eine kleine Tour auf die nahen Ausflugsberge Rigi, Pilatus oder Stanserhorn, mittags eine Rundfahrt mit einem historischen Dampfer auf dem Vierwaldstättersee und abends zu einem Konzert des Luzerner Sinfonieorchesters. Diese Stadt im Herzen der Schweiz macht es einem unverschämt leicht, sich in sie zu verlieben. Sie ist ein bezauberndes Date – attraktiv, klug, mit Sinn für Humor und auf angenehme Art sentimental.

Am Vierwaldstättersee

Kein Wunder, dass Luzern Liebeserklärungen gewöhnt ist. Inzwischen sind es derart viele, das sie nur noch die Lobeshymnen der berühmtesten Verehrer sammelt und ihrem ohnehin schon beeindruckenden Lebenslauf anhängt, quasi als zusätzliche Empfehlungsschreiben. Unterzeichnet sind sie von Kaiserin Eugénie, Winston Churchill, Sergej Rachmaninow, Neil Armstrong und ZZ Top. Auch der notorische Vielreisende Goethe war zu Gast am Vierwaldstättersee und der französische Autor Alexandre Dumas schwärmte vollkommen verzückt: „Luzern ist eine Perle inmitten der schönsten Auster der Welt."

Für die rund 82.000 Einwohner Luzerns ist das Leben in dieser Perle Alltag. Ihre Stadt ist von menschenfreundlicher Größe, portionsweise arrangiert in 26 überschaubare Quartiere, denen man am besten zu Fuß einen Besuch abstattet. Im Schritttempo verpasst man nichts und als blitzendblaue Orientierungshilfe steht Flaneuren stets der Fluss Reuss zu Diensten, der Luzern in Alt- und Neustadt trennt. Hüben erzählen die Namen historischer Plätze und Straßen von den Zeiten, als vor freskengeschmückten Prachtbauten noch Zweispänner hielten, denen Männer mit Gamaschen, Taschenuhren und Monokel entstiegen. Drüben pulst, knistert und sprudelt es in alternativen Kunsträumen, Comedy-Bühnen, Kreativ-Läden und multikulturellen Wohnvierteln. Luzern hält gekonnt Balance zwischen Geschichte und Zukunft, Hoch- und Subkultur, Bergen und See und findet, dass diese Ausgeglichenheit ein ausnehmend guter Grund ist, sich selbst zu feiern. Überhaupt amüsiert die Stadt sich auffallend gern und oft. Ihre

Fasnachts-Freuden

Fasnacht ist als fünfte Jahreszeit so legendär wie laut. Das 1938 gegründete Lucerne Festival versammelt jedes Jahr im Sommer internationale Spitzen-Orchester, berühmte Dirigenten und Solisten, und beim „Blue Balls Festival" verwandeln Jazz, Soul, Blues, Rock und Pop das Seeufer in eine große Bühne. Außerdem stehen noch das Filmfestival PinkPanorama, die Herbstmesse, das Comic-Festival Fumetto, ein Käse- und ein Lichtfestival, ein Seenachtsfest sowie einige katholische Feiertage im Luzerner Eventkalender. Auch zum eigenen Geburtstag schmeißt die Stadt gern mal eine große Party wie anlässlich ihres 800-jährigen Bestehens im Jahr 1978, dabei ist das genaue Jahr ihrer Gründung gar nicht bekannt. Es soll zwischen 1180 und 1220 liegen. Auf ganz genaue Daten kommt es aber vielleicht gar nicht mehr an, seit Luzern mit einem Schlag 2000 Jahre älter geworden ist. Bei Baggerarbeiten zur Installation einer Seewasserleitung entdeckten Archäologen im Frühjahr 2020 nämlich zahlreiche Keramikscheiben und Holzstelzen, die völlig schlammverkrustet vier Meter unter der Wasseroberfläche lagen. Die Funde lassen auf ein versunkenes Dorf aus der Bronzezeit schließen, eine für diese Region typische Pfahlbausiedlung. Bereits vor 3000 Jahren hatten Menschen also erkannt, wie gut es sich am nordwestlichen Ufer des Sees leben lässt, den sie viel später den Vierwaldstätter nannten, weil das Quartett der Urkantone an seine Gestade grenzt – Luzern, Schwyz, Uri und Unterwalden (heute Obwalden und Nidwalden). Mit ihrem Bündnis wurde der Grundstein für die Schweizer Eidgenossenschaft gelegt. Jenseits aller geschichtlichen Bedeutsamkeit ist der tiefblaue Tintenfleck, der sich über 114 Quadratkilometern ausbreitet und sich den Bergen der Zentralschweiz zu Füßen legt, aber auch der viertgrößte

Bühne am Seeufer

See des Landes und einer der Hauptverantwortlichen für Luzerns touristischen Erfolg. Eine luxusgewöhnte europäische Oberschicht entdeckte bereits Mitte des 18. Jahrhunderts die Berg- und Wasserwelt der Innerschweiz und begeisterte sich auch für das traumhafte Panorama Luzerns. Als mit der Eröffnung der ersten Bergbahn Europas, der Vitznau-Rigi-Bahn, im Jahr 1871 der Startschuss zur touristischen Erschließung der Gipfel rund um den Vierwaldstättersee fiel, legte Luzern so richtig los. Heute hat wohl schon jeder Luzerner einige Übung darin, posierende Urlauber auf deren Bitte hin zu fotografieren. Nachdem sich in vorpandemischen Zeiten täglich Tausende von Touristen auf der Kapellbrücke tummelten, engagiert sich die Stadt mittlerweile für einen wesentlich maßvolleren und nachhaltigeren Fremdenverkehr.

Wie man eine große Anzahl Menschen so effizient und umweltschonend wie möglich befördert, haben die Schweizer mit ihren hervorragenden Mobilitätsangeboten ja schon längst gezeigt. Laut Bundesamt für Statistik besaß die Schweiz im Jahr 2020 mit 3426 Zügen, 7277 Straßenbahnen und Bussen, 149 Schiffen, 168 Zahnrad-, 98 Standseil- und 38.052 Luftseilbahnen das dichteste Verkehrsnetz der Welt. Für Luzern-Besucher bedeutet das nicht nur eine komfortable Anreise. Sie erreichen einige der schönsten Ausflugsziele rund um den Vierwaldstättersee auch in kürzester Zeit mit öffentlichen Verkehrsmitteln, von denen einige selbst schon echte Attraktion sind, die steilste Zahnradbahn der Welt zum Beispiel oder der schnellste Raddampfer auf europäischen Binnenseen.

Mag die Landschaft auch noch so fabelhaft, die Gastfreundschaft so großartig sein, irgendwann wird auch dem abtrünnigen Zigarettenholer das Geld ausgehen. Luzern und der Vierwaldstättersee werden für ihn aber fortan nur andere Namen für Fernweh sein. Er wird es also garantiert wieder tun. Daher ist es ratsam, immer einen gepackten Koffer parat zu haben und ihn beim nächsten Mal einfach zum Zigarettenautomaten zu begleiten.

Top 10

DER SEHENSWÜRDIGKEITEN IN LUZERN

1 **Kapellbrücke und Wasserturm:** Luzern ohne Kapellbrücke und Wasserturm wäre wie Casablanca ohne Bogart, Weihnachten ohne Geschenke oder Rachmaninows Dritte ohne Klavier. 1332 als Fußgängersteg zwischen den beiden Ufern der Reuss errichtet, zählt die überdachte Holzbrücke mit den bildergeschmückten Giebeln zu den ältesten ihrer Art in Europa. Der trutzige Partner an ihrer Seite, der sich inmitten des Flusses erhebt, diente schon als Wachturm, Schatzkammer und Kerker. Nachdem ein Brand 1993 die Brücke schwer beschädigte, wurde sie in rekordverdächtigen acht Monaten wieder aufgebaut. Seit-

dem zählt das weltbekannte Duo wieder zu den meistfotografierten Sehenswürdigkeiten der ganzen Schweiz.
luzern.com/de/highlights/die-stadt/kapellbruecke

2 **Altstadt:** Im Herzen Luzerns blüht die Nostalgie. Brunnenbestückte Plätze, eindrucksvolle Kirchen und mit Fresken geschmückte Häuser sind nicht bloß ein Zeugnis solider Bürgerlichkeit, sondern ein architektonisches Denkmal des guten Geschmacks. Mit ihrem dekorativen Anspruch setzten die Luzerner in ihrer Altstadt ästhetische Maßstäbe. Das Anno Dazumal sieht hier nicht nur unverschämt gut aus, an Namen wie Kornmarkt, Mühlenplatz, Metzgerrainle, Kram- und Ledergasse lässt sich auch ablesen, womit der sichtbare Wohlstand einst erwirtschaftet wurde. *luzern.com/de/highlights/sehenswuerdigkeiten/malerische-altstadtplaetze*

3 **Museggmauer:** Über einen Mangel an vorzeigbarer Vergangenheit kann Luzern nicht klagen. Dass die Stadt auch 870 Meter der mittelalterlichen Stadtbefestigung inklusive neun Wach- und Wehrtürme bewahren konnte, setzt all der hübschen Historie noch ein zinnengeschmücktes Steinkrönchen auf. Mit dem markanten Bollwerk, das zwischen 1370 und 1442 erbaut wurde, besitzt Luzern eine der besterhaltenen Wehrmauern in der ganzen Schweiz und ein Wahrzeichen, das die Stadtsilhouette unverwechselbar macht. In den Sommermonaten sind der Wehrgang und vier der Türme begehbar und bieten einen beeindruckenden Rundblick auf Stadt und Seelandschaft. *museggmauer.ch*

4 **Vierwaldstättersee:** Vergissmeinnichtblau und stets so klar wie frisch geputzte Scheiben bei Sonnenschein – das Wasser des Vierwaldstättersee sieht so aus, als würde es auf eine Karriere als Blue-Curacao-Cocktail hoffen. Seinen eher nüchternen Namen verdankt er den vier Schweizer Waldstätten, den heutigen Kantonen Luzern, Schwyz, Uri und Unterwalden, und seine Entstehung der Erosion eines Riesengletschers am Ende der

Eiszeit vor 12.000 Jahren. Umarmt und gewärmt von den waldigen Bergketten der Zentralschweiz, gedeihen an seinen Ufern Zypressen, Feigen und Yucca-Palmen. Wie eine sich räkelnde Wasserschönheit streckt der See seine Arme in viele Richtungen aus und bildete so mehrere Becken und Buchten, die zum Baden, Surfen, Segeln oder Tauchen einladen.
myswitzerland.com/de-de/reiseziele/vierwaldstaettersee

5 **Bourbaki-Panorama:** Es ist eines der letzten ihrer Art. Weltweit sind nur wenige Riesenrundgemälde erhalten geblieben. Sie gelten als Ur-Ahnen von Kino und Virtual Reality. Warum diese Bilder-Kolosse im 19. Jahrhundert so erfolg-

reich waren wie heutige Massenmedien, zeigt das Luzerner Bourbaki-Panorama von 1881. Die riesige zu einem Vollkreis geschlossene Leinwand schafft die Illusion, man stünde mitten im Geschehen, mitten in einer frostigen Winterlandschaft, durch die sich tausende Soldaten der geschlagenen Bourbaki-Armee schleppen, um in der Schweiz Zuflucht zu suchen. Maler Eduard Castres bannte das ganze Elend des Deutsch-Französischen Kriegs und die Barmherzigkeit der Schweizer Helfer in drastisch realistische Szenen auf 112 mal zehn Metern.
bourbakipanorama.ch

6 **Bruchquartier:** Mitten in Luzern wurde nicht nur in großem Umfang Sandstein abgebaut, jeden Dienstag kamen die Bauern des Umlandes in die Stadt, um zwischen Wohn- und Geschäftshäusern ihre Schafe, Kälber und Schweine zu verkaufen. Vom alten Steinbruch blieb der Name und vom kantonalen Viehhandel nur die Erinnerung. 1971 war Schluss damit, weil den Anwohnern Dreck, Lärm und Gestank einfach zu viel wurden. Stattdessen gibt es nun Kunst, Mode und Kultur. Handgefertigte Hosenträger, Cupcakes, gemütliche Kneipen, Secondhand- und Schallplattenläden – eine feine Mischung, die dem Bruchquartier eine charmante Atmosphäre verleiht.
bruchquartier-luzern.ch

7 **Löwendenkmal:** Jährlich wollen mehr als eine Millionen Menschen den sterbenden Löwen von Luzern sehen. Schwer von einem Speer verwundet, liegt das leidende Raubtier da – ein in Sandstein gemeißeltes Monument. Es soll an

die Schweizergardisten erinnern, die während der Französischen Revolution im Dienste des Königs Ludwig XVI. standen und beim Sturm auf den Tuilerienpalast am 10. August 1792 getötet wurden. Weil er an diesem Tag nicht bei seinen kämpfenden Kameraden in Paris, sondern auf Heimaturlaub in Luzern weilte, initiierte der von Verlust- und Schuldgefühlen geplagte Gardist Karl Pfyffer von Altishofen die Errichtung des Mahnmals zu ihren Ehren, von dem Mark Twain fand: „Der Löwe von Luzern ist das traurigste und bewegendste Stück Stein der Welt." *Denkmalstrasse 4, 6002 Luzern, luzern.com/de/highlights/sehenswuerdigkeiten/das-loewendenkmal*

8 **Gletschergarten:** Eine der ältesten Sehenswürdigkeiten Luzerns wurde 1872 rein zufällig entdeckt, als ein tiefes Loch für einen Weinkeller gesprengt wurde. Zutage kamen dabei dutzende Gletschertöpfe, vor 20.000 Jahren durch das Wasser schmelzender Gletscher tief in die Felsen gegraben. Die Überreste der Eiszeit waren eine Sensation und so entstand

statt einer Weinhandlung das Museum für Erd- und Kulturgeschichte. Das konnte seine Attraktivität auch im Multimedia-Zeitalter bewahren, indem es seine Besucher auf eine Zeitreise ins Berginnere schickt. Gelungene Lichteffekte inszenieren den Weg mitten durch den Fels, wo versteinerte Wellen, Muscheln und Palmblätter Evolutionsgeschichte in die Wände geschrieben haben. Vor Jahrmillionen an einem subtropischen Sandstrand zurückgelassen, leiten diese Fossilien perfekt über zu den Ausstellungen, die sich im 2022 eröffneten Sandstein-Pavillon mit diversen Themen rund um den Klimawandel befassen. *gletschergarten.ch*

9 **Sammlung Rosengart:** Nicht davon abschrecken lassen, dass leider allzu oft vom Blockbuster der Luzerner Kulturattraktionen geredet wird. Ein ordinärer Kassenschlager ist die Kunstsammlung von Siegfried und Angela Rosengart nämlich keinesfalls. Vater und Tochter, beide angesehene Kunsthändler und gute Freunde Pablo Picassos, haben mit viel Liebe und Leidenschaft Meisterwerke der Klassischen Moderne und des Impressionismus zusammengetragen. Über 300 Arbeiten von Picasso, Klee, Cézanne, Chagall, Braque, Renoir, Monet und Miró fanden in der früheren Niederlassung der Schweizer Nationalbank einen angemessenen Ausstellungsrahmen und sind der Öffentlichkeit dort seit 2002 zugänglich. *rosengart.ch*

10 **Die Pilatus-Bahn:** Steiler bringt einen keine andere auf die schiefe Bahn. Eine satte Steigung von 48 Prozent bewältigen, unterwegs Murmeltiere und Gämsen grüßen und dann von 2100 Metern auf Berge und See schauen, als hätte der Schöpfer höchstpersönlich den Deckel von der Welt gehoben – ohne geniale Schweizer Ingenieurstechnik wäre das nicht möglich. Ein spezielles Stangensystem sorgt dafür, dass die steilste Zahnradbahn der Welt ihre Passagiere seit 1889 komfortabel und sicher auf den Luzerner Hausberg fährt. *pilatus.ch*

Kurioses und Besonderheiten

AUS LUZERN UND UMGEBUNG

Warum donnert es im Gotteshaus? Wieso geht man in dieser Stadt gerne ins Gefängnis und wer darf hier seiner Zeit immer voraus sein? Die Antworten darauf offenbaren einige von Luzerns außergewöhnlichen Seiten.

✓ Freiwillig einbuchten lassen können sich die Gäste des ersten Schweizer Gefängnis-Hotels „Barabas". Seinen Namen verdankt es einem, der dort nicht so einfach wieder auschecken konnte, dem Künstler Hugo Siegrist. Der war 1975 im Luzerner Zentralgefängnis wegen Kriegsdienstverweigerung für drei Monate inhaftiert. Kreativ blieb er aber auch hinter Gittern und machte aus seiner Zelle in dieser Zeit das „Atelier Barabas". Nachdem das Gefängnis 1998 den Betrieb einstellte und der Umbau zum Hotel erfolgte, blieben nicht nur ein Gemälde von

Nächte hinter Gittern

Barabas im Aufenthaltsraum erhalten, sondern auch über 130 Jahre Knastgeschichte, die an dem Gemäuer haften wie Patina. *barabas-luzern.ch*

✓ Wenn die Hofkirche St. Leodegar erbebt, dann nicht etwa weil Gott grollt, sondern die weltweit einzigartige Regenmaschine. 1862 erbaut, besteht sie aus einer mit Blech ausgekleideten Holztrommel und gehört zum sogenannten Orgelfernwerk, das auf dem Dachboden untergebracht ist. Will der Organist also einmal alle Wetter zugleich herabstürzen lassen, treibt er mit Orgelwinden die Trommel an. Die darin eingelassenen Metallkugeln schlagen rotierend gegen die blecherne Wand und gemeinsam mit den gewaltigen Prospektpfeifen braust und prasselt das Orgelgewitter über die Kirchenbänke hinweg. Im Rahmen der Orgelsommer-Konzerte werden Führungen zur Regenmaschine geboten und auch die Orgelgewitter erklingen. *hoforgel-luzern.ch*

Himmlische Klänge

✓ In der Gemeinde Romoos im luzernischen Entlebuch lassen die letzten professionellen Köhler der Schweiz noch immer die Meiler glühen. Das alte Handwerk der Holzkohleherstellung hat dort eine jahrhundertelange Tradition und wurde 2011 von der UNESCO zum immateriellen Kulturerbe ernannt. Bis in die 1980er-Jahre produzierten die Romooser Köhler für die Stahlindustrie. Mittlerweile haben sie sich auf Grillkohle spezialisiert und demonstrieren im Rahmen von Führungen, auf welche Art sie bis zu 100 Tonnen Holzkohle im Jahr herstellen. *koehlerei.ch*

Erstschlagrecht, das klingt martialisch, meint aber bloß das jahrhundertealte Vorrecht der Zytturmuhr eine Minute vor den Kirchenuhren verkünden zu dürfen, was die Stunde geschlagen hat. Ein cleveres Mittel des Luzerner Stadtrats zur unmiss-

Fassadenmalerei des Zytturms

verständlichen Klärung der Herrschaftsverhältnisse, denn wer die Zeit bekannt gibt, der hat auch die Macht über die Abläufe des Lebens. Die aus dem Jahr 1385 stammende Gebrauchsanweisung für die erste derart bevorzugte Turmuhr gilt als die weltweit älteste Bedienungsanleitung für mittelalterliche Zeitmesser. Sie wird heute im Staatsarchiv Luzern aufbewahrt.

✓ Die Wiege des Radios in der deutschsprachigen Schweiz steht im Kanton Luzern, auf dem Gemeindegebiet Gunzwil. Von dort schickte der Landessender Radio Beromünster seit 1931 auf Mittelwelle Nachrichten und Musik in die Schweizer Wohnstuben. Während des Zweiten Weltkriegs wurde er über die Landesgrenzen hinaus zu einer wichtigen unabhängigen Informationsquelle. Heute können Wanderer an den Hörstationen entlang des Beromünster-Radioweges mehr über die Geschichte des 2008 eingestellten Senders erfahren. In dessen Betriebsgebäude zog 2010 das Zentrum für Kunst und Kultur im Landessender Beromünster (KKLB) ein und verwandelt die Anlage seitdem in ein riesige Gesamtkunstwerk. *kklb.ch*

Der 217 Meter hohe Sendemast

✓ Überall auf der Welt wollte man sich gerne auch ein wenig im Glanz der Stadt am Vierwaldstättersee sonnen und borgte sich dazu einfach ihren Namen für die eigenen Straßen, Seen, Hotels und Städte. Allein in den USA gibt es 25 Ortschaften mit dem Namen Luzern, Luzerne bzw. Lucerne – alles Reminiszenzen und Ehrerweisungen an das unerreichte Original.

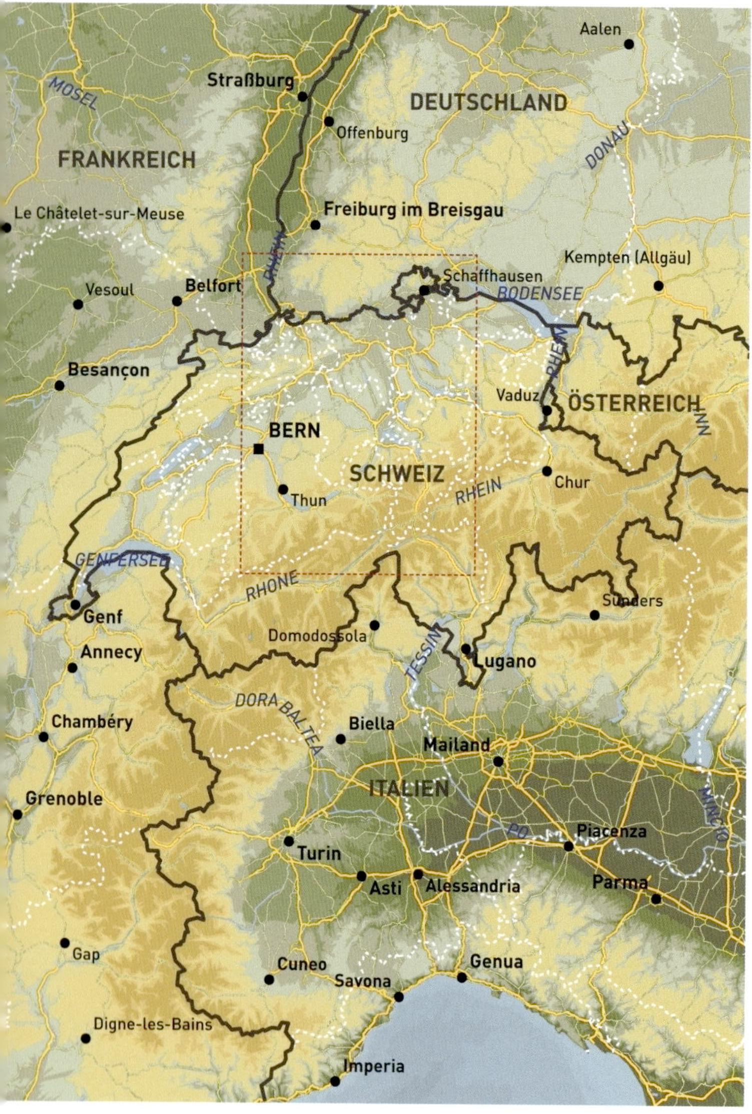
Aalen
Straßburg
DEUTSCHLAND
MOSEL
Offenburg
FRANKREICH
DONAU
Le Châtelet-sur-Meuse
Freiburg im Breisgau
RHEIN
Kempten (Allgäu)
Schaffhausen
BODENSEE
Vesoul
Belfort
RHEIN
Besançon
Vaduz
ÖSTERREICH
INN
BERN
SCHWEIZ
Chur
RHEIN
Thun
GENFERSEE
RHONE
Sonders
Genf
Domodossola
TESSIN
Lugano
Annecy
DORA BALTEA
Biella
Chambéry
Mailand
ITALIEN
Grenoble
MINCIO
PO
Piacenza
Turin
Asti
Alessandria
Parma
Gap
Cuneo
Genua
Savona
Digne-les-Bains
Imperia

Müllheim
St. Blasien
Singen (Hohentwiel)
Zell im Wiesental
SCHAFFHAUSEN
Schaffhausen
Lörrach
Waldshut-Tiengen
Rheinfelden (Baden)
BASEL-STADT
Frauenfeld
Winterthur
Aadorf
Wettingen
AARE
BASEL-LANDSCHAFT
ZÜRICH
Zürich
Uster
Aarau
Olten
AARGAU
SOLOTHURN
ZÜRICHSEE
Langenthal
AARE
Sursee
Zug
ZUG
Willisau
ZUGERSEE
LUZERN
Luzern
SCHWYZ
Burgdorf
Sumiswald
VIERWALDSTÄTTERSEE
Schwyz
BERN
Schüpfheim
Langnau
NIDWALDEN
Altdorf
SCHWEIZ
BERN
OBWALDEN
Thun
URI
BRIENZERSEE
Meiringen
Disentis
THUNERSEE
Andermatt
Grindelwald
Frutigen
Oberwald
Airolo
Adelboden
Faido
TESSIN
Acquarossa
Fiesch
WALLIS
Pomatt
Biasca
Leuk Stadt
Brig
Gerra (Verzasca)

BALANCES
DU PONT

Innenstadt Nord

Luzern by night

Innenstadt Nord

1. Die Farben des Januars: Lichtfestival Lilu
2. Birne ohne Helene: Luzerner Lebkuchenbäcker
3. Mit Pinseln zaubern: Luzerner Fassadenlandschaften
4. Alles Gute gibt es oben: Dachterrasse des Kaufhausrestaurants Manora
5. Von Aal bis Zander: Fischmarkt Luzern
6. Spaziergang mit Sensenmann: Spreuerbrücke

Wettsteinweg
Diebold-Schilling-Strasse
Schirmerstrasse
Brambergstrasse
Fluhmattrain
Hertensteinstrasse
Museggstrasse
Museggrain
Mariahilfgasse
Grendelstrasse
Schweizerhofquai
Cysatstrasse
Löwengraben
Rössligasse
Kapellgasse
Rathausquai
Mühlenplatz
Kramgasse
Rathaussteg
REUSS
Seebrücke
2
1
2
3
4
5
6
Reusssteg
Pfistergasse
Bahnhofstrasse
Münzgasse
Krongasse
Luzern
Theaterstrasse
Seidenhofstrasse
Floraweg
Burgerstrasse
Franziskanerplatz
Hirschengraben
Winkelriedstrasse
Hirschmattstrasse
Pilatusstrasse
Frankenstrasse
Morgartenstrasse
Zentralstrasse
Obergrundstrasse
Hallwilerweg

1 Die Farben des Januars

LICHTFESTIVAL LILU

Eine heimelige Altstadt, dazu das herrlichste Seebecken der Schweiz und beeindruckende Berge direkt vor der Haustür: Luzern lockt zu allen Jahreszeiten und hält selbst für die trübsten Wintertage einen perfekten Trostspender parat.

Wenn Winterblues und Kältefrust gemeinsame Sache machen, Wolken den Himmel grau einseifen und ein lästiger Wind unaufhörlich an der Kapuze zerrt, möchte man am liebsten zu den Bären in die Höhle kriechen und erst wieder herauskommen, wenn der Frühling kein fernes Gerücht mehr ist. Auf in die Innerschweiz, denn dort wartet die attraktive Alternative zum Winterschlaf. Sie trägt den Namen Lilu – Lichtfestival Luzern. Dahinter verbirgt sich keine gigantische Energievergeudung, mit der die Stadt in einen blinkenden Flipperautomaten in XXL-Format verwandelt würde. Das alljährlich im Januar stattfindende Lilu ist ein regenbogenbuntes Antidepressivum. Es bringt auf sanfte Weise Farbe in frostige Zeiten und setzt Sehenswürdigkeiten, Plätze und Statuen in der Altstadt und rings um das Seebecken strahlend in Szene.

Da schwimmen königsblau leuchtende Quallen im Fluss, blitzende Strahlen tänzeln über Türme und Torbögen, amorphe Lichtwesen schweben über dem Wasser und Hausfassaden werden zu Leinwänden. Die darauf projizierten Farben sind von einer Intensi-

Luzern lässt es leuchten.

tät, wie wir sie sonst nur aus unseren Träumen kennen. Eine in mystisches Violett getauchte Kirche, bunte Lichtflammen, die im Takt der Musik tanzen oder Gold- und Kupfertöne, die lauter Lichtblicke und tröstliche Wärme in die winterliche Stadt bringen. Neben den kunstvollen Illuminationen gehören auch Lasershows und Livekonzerte zum Lilu-Programm.

Der Luzerner Dreiklang aus Bergen, See und Altstadtcharme ist ein ganzjähriges Gesamtkunstwerk, doch mit ihrer hellglänzenden Abendrobe in den dunklen Januarnächten wird Luzern bühnenbildhaft schön und macht überdies auch ihrem Beinamen alle Ehre. Leuchtenstadt wird sie schon seit dem späten Mittelalter genannt. Laut Legende ist den Luzernern nämlich ein Licht aufgegangen, als ein Engel ihnen mit einem Strahl die Stelle anzeigte, an der sie zu Ehren des heiligen Nikolaus eine Kapelle erbauen sollten. Jahrhunderte später weisen uns nun Künstler aus aller Welt mit ihren Lichtinstallationen den Weg zu einem stimmungsaufhellenden Spaziergang durch die Leuchtenstadt. Wenn der Winterhimmel also tagsüber wieder einmal die Farbe von Nacktbeton tragen sollte, vorfreuen wir uns einfach auf die vielen kleinen Sonnen, die am Abend wieder aufgehen werden und uns auch in düsteren Zeiten strahlende Momente schenken.

Funkelnde Flusswesen

Die Hofkirche ganz in Pink

Info

Lage: Das Lichtfestival Luzern findet an rund 20 ausgewählten Orten in der gesamten Innenstadt statt. Den besten Ausgangspunkt bietet der Bahnhof mit einem Spaziergang über die Seebrücke hin zum Nationalquai.

Website: *lichtfestivalluzern.ch*

HINWEISE:

- Während elf Tagen im Januar werden von 18 bis 22 Uhr Plätze, Gassen und Sehenswürdigkeiten kunstvoll illuminiert.
- Tickets für besondere Events und Shows sowie einen geführten Rundgang können auf der Webseite bestellt werden.
- Für einen gemütlichen Rundgang werden zwei Stunden veranschlagt. In der Stadt gibt es genügend öffentliche Toiletten. Zusätzlich stellen ausgewählte Restaurants ihre „netten Toiletten" zur Verfügung und kennzeichnen diesen Service mit einem entsprechenden Aufkleber. Gegen Kälte hilft übrigens auch ein Kafi Luz, eine Spezialität aus Kaffee, Zucker und Kernobstschnaps.

2 Birne ohne Helene

LUZERNER LEBKUCHENBÄCKER

Der leckerste Grund für einen Luzern-Besuch lautet Lebkuchen, Lozärner Läbchueche, um es gleich richtig auf Schweizerdeutsch zu sagen. Gut zu wissen, wesentlich wichtiger ist aber doch: Wo gibt es die besten?

Lozärner Läbchueche haben rein gar nichts gemein mit dem oft anspruchslosen, aber gefährlich harten Honiggebäck, mit dem man sich auf deutschen Weihnachtsmärkten knackend zum nächsten Zahnarztbesuch kaut. Unterschied Nummer 1: Luzerns

Schokoladen-Wasserfall bei Bachmann

kulinarische Spezialität wird in einer runden Springform gebacken und kommt wie ein richtiger Kuchen daher, tiefbraun, luftig zart und verführerisch duftend. Unterschied Nummer 2: Statt der allgemein üblichen Milch wird Rahm unter den Teig gemischt, wodurch er cremig weich wird. In Unterschied Nummer 3 aber liegt das eigentliche Geheimnis – der dickflüssige Birnenhonig, den man statt Bienenhonig verwendet. Die vielen Obstbäume im Luzerner Hinterland bescherten den Bauern stets eine so reiche Ernte, dass sie gar nicht alle Früchte verkaufen konnten. So produzierten sie aus Birnen Most, den sie zwecks besserer Haltbarkeit zu Birnenhonig eindickten und zum Süßen ihrer Speisen verwandten. Sein kräftiges Aroma verleiht auch den Lozärner Läbchueche ihre besondere Würze, mit der kein anderes Mitglied der großen Lebkuchen-Familie konkurrieren kann, weder das klassische Magenbrot noch Basler Läckerli oder Appenzeller Biberli und auch nicht die skandinavischen Pfefferkuchen und das angelsächsische Gingerbread.

Ihnen allen hat die Luzerner Verwandtschaft außerdem voraus, dass eines der ältesten überlieferten Lebkuchenrezepte im Jahr 1583 in der Stadt am Vierwaldstättersee veröffentlicht wurde. Ein echtes Traditionsgebäck also, das nicht nur zur Weihnachtszeit auf die Teller kommt. Die Ganzjahres-Delikatesse wird gern mit Butter bestrichen, im Sommer mit einer Kugel Vanilleeis und im Winter mit einem Klecks Sahne genossen. Wie gut ein Lebkuchen ist, sieht man ihm nicht an. Er ist ein Gebäck für Eingeweihte. Wer keine Großmutter hat, die nach uraltem Familienrezept die feinsten Lebkuchen zaubert, muss wissen, wo es die besten zu kaufen gibt. Ein Standardrezept, so viel habe ich nach zahllosen Kostproben immerhin herausgefunden, gibt es nicht. Koriander, Anis, Zimt, Nelken und Ingwer identifizieren die Geschmacks-

Saftig, fruchtig, lecker

knospen jedoch in den Lebkuchen aus allen Luzerner Bäckereien. Die individuelle Gewürzmischung ist jedoch ebenso geheim wie das Verhältnis von Rahm und Birnenhonig.

Nichts für Kalorienzähler

Welches die besten Lebkuchen der Stadt sind, wage ich wegen der geschmacklichen Vielfalt und auch angesichts der erstaunlichen Dichte an Bäckereien nicht zu beurteilen. Ist es der pfeffrige Läbchueche der Bäckerei Sutter, der sehr süße von Rüthemann, der luftig frische aus dem Ofen von Macchi oder doch der wunderbar weiche, bei dem die Bäckerei Koch nicht mit Butter geizt? Meinen persönlichen Favorit habe ich jedenfalls in der Confiserie Bachmann gefunden. Ihren saftigen Lebkuchen mit der fruchtigen Note gebührt ein Platz in der Ruhmeshalle der kulinarischen Besonderheiten als leckerste Gute-Laune-Lieferanten.

Info

Lage: Confiserie Bachmann AG, Schwanenplatz 7, 6004 Luzern

Website: *confiserie.ch*

HINWEISE:

- Alle, die seit dem Besuch nicht mehr auf die Köstlichkeiten verzichten mögen, können sich im Onlineshop das süße Sortiment auch nach Hause liefern lassen.
- Ideale kulinarische Mitbringsel sind auch die Luzerner Birnenweggen.

3 Mit Pinseln zaubern

LUZERNER FASSADENLANDSCHAFTEN

Ein Spaziergang durch die Stadt gleicht dem Blättern in einem besonders dicken Bilderbuch, denn Luzerns kunstvoll bemalte Hauswände erzählen spannende Geschichten aus einem halben Jahrtausend.

Da stehen Gebäude wie Stoppschilder. „Nicht weiter gehen!", bestimmen die brüllend bunten Wandbilder des Fritschi-Hauses am Steinplatz, auf denen Szenen übermütigen Fasnachtstreibens zu sehen sind. „Stehen bleiben!", gebieten auch das großflächige Fresko am Dornacher Haus, die wappengeschmückten Rebstöcke des ehemaligen Zunftgebäudes zu Pfistern oder das Werk am Eingang der Weinbergli-Siedlung, mit dem der weitbekannten Luzerner Kunstmaler Hans Erni schon im Jahr 1936 auf die Notwendigkeit des sozialen Wohnungsbaus hinwies. Unterteilt in drei Stockwerke zeigt das Bild ganz unten eine Familie, die auf eine Wohnung wartet. In der Etage darüber sind Architekt und Baumeister mit der Planung des Baus zugange, und ganz oben hat Erni sich selbst in der Figur eines Ingenieurs verewigt.

Die alte Cysat-Apotheke

Rund 200 solch unübersehbarer Mauerkunstwerke aus fünf Jahrhunderten fordern zu einem Rundgang durch diese Open-Air-Galerie der gemalten Stadtgeschichte auf. Seit dem 16. Jahrhundert verzierten Künstler und Malermeister die Luzerner Hausfassaden. Eine Wandbildertour führt daher durch verschiedene Stil-Epochen und durch eine bunte Mischung an Themen und Motiven, die dem aufmerksamen Betrachter einiges über Magie und Brauchtum verraten, über Zünfte und über die gute alte Zeit, in der es noch keine Haus-

Das Fritschi-Haus erzählt von der Fasnacht.

nummern gab. Damals dienten Fassadenmalereien in Gestalt von Wappen, Symbolen und persönlichen Schutzheiligen dazu, Gebäude zweifelsfrei unterscheiden zu können. So prangt auf der Fassade der alten Cysat-Apotheke am Weinmarkt unübersehbar der Baum der Erkenntnis. Seinen Stamm umwindet die Paradiesschlange solange, bis sie schließlich als barbusige Eva zwischen den Ästen der Krone wieder hervorschaut und mit einem frisch gepflückten Apfel lockt. Darunter steht: „Amor medicabilis nullis herbis" – „Die Liebe ist durch kein Kraut heilbar." Widerstand zwecklos, Adam!

Kapitulieren kann man auch vor der vollkommenen Illusion, die mein Fassadenfavorit erzeugt. Der findet sich am Ende der Steingasse. Ganz im Stil des Trompe-l'œil – einer Kunstgattung, die dreidimensionale Räumlichkeit vorgaukelt – hat der Künstler Werner Vogel dort mit der Technik des schönen Scheins und den Perspektiven gespielt. Sein Bild verlängert die Straße optisch und bringt die Wand, auf die es gemalt ist, zum Verschwinden. Nichts

Wandbild „Hochzeit zu Kanaa" am Weinmarkt

Pure Illusion

ist real, nicht der Vierwaldstättersee im Hintergrund, nicht die vielfarbige Häuserzeile, die Frau am geöffneten Fenster und auch nicht das geparkte Auto, über dessen glänzend rotlackierte Kurven man so gern sanft mit den Fingern streichen würde – alles bloß eine Frage des Blickwinkels, alles bloß Zauberei mit Farbe und Pinsel. Eine Fantasie, der man sich gerne hingibt.

Fresko am Dornacher-Haus

Info

Lage: Die Galerie der Hausfassaden erstreckt sich über die ganze Altstadt zwischen Weinmarkt und Kornmarkt, der Weggis- und Kapellgasse bis hin zum Kapellplatz.

HINWEISE:

- Einige der schönsten Häuser sind die Cysat-Apotheke am Weinmarkt 4, das Bossardhaus in der Weggisgasse 40, das Dornacher-Haus in der Weinmarktgasse 7 und Robert Ottigers Fasnachtsfassade am Sternenplatz 5.
- Werke von Hans Erni, dem berühmtesten Wandbild- und Plakatmaler Luzerns, zeigt das nach ihm benannte Museum. *verkehrshaus.ch/besuchen/museum/hans-erni-museum*

4 Alles Gute gibt es oben

DACHTERRASSE DES KAUFHAUSRESTAURANTS MANORA

Luzern ist trotz all seiner Pracht und Schönheit kein kostspieliger Hotspot der High Society geworden. Die Stadt lässt sich auch ohne Schweizer Bankkonto genießen, vorausgesetzt man hat sich die Freude an einfachen Dingen bewahrt.

Einmal die Stadt von oben bewundern, ohne dafür gleich auf einen Berg steigen zu müssen? Einfach die Rolltreppe nehmen! Die führt im Kaufhaus Manor in die oberste Etage zum Selbstbedienungsrestaurant. Selbstbedienung – das klingt nach klebrigen Tischen, pappigen Brötchen und Kaffee, der nach Entkalker schmeckt. Doch in den Restaurants der größten Warenhauskette der Schweiz bereiten die Chefinnen und Chefs Pizza, Pasta und Pfeffersteak frisch zu, ohne Haubenkochschnickschnack, dafür aber mit guten, meist regionalen Zutaten der Saison. Wer all den gebratenen und überbackenen Kalorien kein neues Zuhause geben will und stattdessen aus dem Salat-Potpourri wählt, hat vermutlich schon zum Dessert-Buffet hinübergeschielt. Die von hauseigenen Patissiers und Patissières gezauberten Süßigkeiten sind das pure Gegenteil von Askese.

Stadt-See-Panorama

Sonnenplatz vor Stadtkulisse

Das Allerbeste ist jedoch das Panorama, das einem auf der Dachterrasse serviert wird. Dort oben lässt sich Vitamin D tanken und beim Genießen von Aprikosenwähen mit den Augen über Luzerns Dächer spazieren, bis hinüber zum See und den Bergen. Meist sind Rooftop-Restaurants ja kostspielige Treffpunkte für cocktailschlürfende Hipster, mit Manora aber gelang die Demokratisierung des Dachterrassenglücks. Das Kaufhausrestaurant strengt sich erst gar nicht an trendig, cool oder edel zu wirken. Hier kehren Touristen wie Einheimische gleichermaßen ein. Viele starten ihren Tag beim Frühstück mit Fernsicht. Büroangestellte und Rentner locken die günstigen Mittagsmenüs, Freundinnen treffen sich hier nach dem Shoppen zum „Käffele" – der perfekte Ort, um Schweizern beim Schweizersein zuzuschauen. Ein wenig Luxus hält erst im Winter Einzug, wenn die Gäste in flauschige Felle und Decken gehüllt auf der Terrasse Käsefondue genießen.

Ansonsten bleibt Manora aber ein Reservat der Alltäglichkeit, aber Dank der Dachterrasse kein Allerwelts-Lokal. Und deshalb kann auch fast jeder Manora-Gast von sich behaupten: „Veni, vidi, mansi" – „Ich kam, sah und blieb". Unten gibt es eine großartige Stadt zu entdecken, auf dem Dach aber ist man dem Treiben so wunderbar entrückt, dass man das Leben gern noch eine ganze Weile warten lassen wird.

Blick zur Museggmauer

Lage:
Manor, Weggisgasse 5, 6002 Luzern

Website:
manor.ch/de/u/manora

Info

5 Von Aal bis Zander

FISCHMARKT LUZERN

Die Nähe zum Wasser spiegelt sich auch in Luzerns kulinarischem Angebot wider. Wohl dem Feriengast, der eine Unterkunft mit eigenem Herd gebucht hat und die Rezepte für gedämpfte Felchen und Eglifilets in Butter kennt.

Kalt und glitschig kann das Glück der Köche manchmal sein und so verlockend, dass selbst Langschläfer sich ausnahmsweise den Wecker stellen. Nur wer früh genug kommt, hat noch die große Auswahl. Äschen, Bachforellen, Barben, Felchen, Karpfen, Seesaiblinge und Zander sind begehrt. Oft gehen die ersten Fische bereits gegen 8 Uhr aus und die Flussbarschfilets, die es in Butter gebraten zum Mittag hätte geben sollen, werden von einem anderen Kunden des Luzerner Fischmarkts heimgetragen. Dann eben gebackener Hecht oder gedämpfter Karpfen oder wie wäre es mit in Öl eingelegten Albeli, einer kleinen Felchenart, die perfekt zu Baguette und Wein passt?

Von Choucroute au lac, Sauerkraut mit Süßwasserfisch, habe ich zum ersten Mal an einem der Verkaufsstände gehört, die neben dem Luzerner Rathaus gut geschützt unter den Arkaden stehen. Zwei Kunden fachsimpelten da mit dem Fischverkäufer über zu grätenreiche Brassen, die beste Zubereitung von Fischfond und

Frischer Fisch in Fülle

über das richtige Marinieren von Balchen, der größten Felchenart im Vierwaldstättersee. Für das Sauerkrautgericht gingen übrigens gleich drei Fischarten über die Theke – Seeforelle, Saibling und Hecht. Neben frischen Süßwasserfischen werden auch Meeresfrüchte, Räucherspezialitäten, Gewürze und Saucen auf dem Markt angeboten.

Schon seit Jahrhunderten verkaufen Berufsfischer wie Nils Hofer ihre Fänge in der historischen Altstadt von Luzern. Damit diese Tradition auch noch lange erhalten bleibt, wird die Intensität der Befischung über Fangzahlenbeschränkungen und Schonzeiten gesteuert. Auf diese Weise erreichen genügend Fische das vermehrungsfähige Alter und mit jeder nächsten Generation sind das Fortbestehen der Art sowie die guten Fänge der Fischer gesichert. Statt sich frustrieren zu lassen von billigen Supermarktprodukten aus der Tiefkühltruhe, die nach nichts schmecken, können Luzerns Marktkunden hoffentlich noch lange Einkäufe zelebrieren, die nichts mit Sterilität, Effizienz und Mindesthaltbarkeitsdatum zu tun haben, sondern mit persönlichem Kontakt, fachmännischer Beratung und dem Vertrauen darauf, genau zu wissen, wo die Fische herkommen, die da auf ihren kühlenden Eisbetten liegen – silbrig glänzend oder zartrosa schimmernd, fingerlang und dünn oder klotzartig und prall. In kräftezehrender Arbeit bei Wind und Wetter gefangen, mit routinierten Handgriffen ausgenommen, entschuppt, filetiert, zerteilt und gewogen erinnert jeder einzelne dieser Fische daran, wie kostbar unser Essen ist.

Berufsfischer Nils Hofer

Fischen in aller Frühe

Info

Lage: Fischmarkt Luzern, Unter der Egg, 6004 Luzern

Website: *stadtluzern.ch/dienstleistungeninformation/10654*

HINWEISE:

- Der Fischmarkt findet das ganze Jahr jeden Dienstag, Freitag und Samstag von 7 bis 12 Uhr bei jedem Wetter statt.
- Wer es noch ein bisschen fangfrischer haben möchte, der fährt gleich ins benachbarte Meggen. Dort legt die alteingesessene Familie von Berufsfischer Nils Hofer schon seit dem 16. Jahrhundert täglich die Netze aus. In seinem Betrieb in der Benzeholzstrasse 20 werden die Fische von Montag bis Samstag direkt verkauft. *fischereinilshofer.ch*
- Keine eigene Küche in Luzern? Dann genießt man im Restaurant Villa Schweizerhof Fisch und Seeblick. *villa-schweizerhof.ch*

6 Spaziergang mit Sensenmann

SPREUERBRÜCKE

Was soll man bloß von einer Stadt halten, die zwar nicht gleich den Teufel an die Wand, wohl aber den Tod unter das Dach malt? Die erbauliche Antwort darauf finden Flaneure auf Luzerns Spreuerbrücke.

Sie zählt zu den ältesten und schönsten Holzbrücken der Schweiz, steht jedoch ganz im Schatten der größeren, nur wenige hundert Meter entfernten Kapellbrücke – dem postkartenhübschen Wahrzeichen der Stadt. Die wuchtigen, sonnengegerbten Holzbalken der weniger bekannten Spreuerbrücke strahlen die Ehrwürdigkeit des Alters aus. Schon vor über 600 Jahren verband sie das rechte Reussufer mit den in der Flussmitte gelegenen Mühlen und führte dann weiter zur linken Seite ins Bäckerviertel. Nur von dieser Brücke durften Getreideabfälle, die Spreu, in die Reuss geworfen werden, womit sich auch ihr Name, nicht aber ihr spezieller Reiz erklärt. Der geht vor allem von ihrem Aufbau aus – ein Dach wie ein Damoklesschwert, denn überall hängt da der Tod herab. In den Giebelfeldern sind 45 dreieckige Bildtafeln eingelassen, die den Sensenmann bei der Arbeit zeigen. Ob alt oder jung, arm oder reich, ungläubig oder religiös – niemand wird verschont. Weder Verdienst noch sozialer Stand zählen, niemand ist sicher vor dem Tod, der somit allen Grund hat, seine Überlegenheit zu feiern.

Da tanzen die Skelette, hüpfen im Kreis, schwingen Sense, Schaufel oder Sanduhr und spielen mit Trompete und Triangel zum allerletzten Tanz auf. So unmissverständlich geht es schon los mit dem barocken Bilderreigen, der vornehmlich das Werk des Schweizer

Historische Brückenschönheit

Malers Kaspar Meglinger ist, obgleich auch viele seiner Kollegen mitgewirkt haben, um ihren Mitmenschen künstlerisch die Macht des Todes ins Gedächtnis zu rufen. Den schwarzen Rahmen des ersten Bildes ziert folgende Inschrift: „Was flügt und krücht was träbt und schwäbt / Was schwümmt und ründt, ja was je läbt / Flücht alls den Tod, ist doch kein Ort / Auff Erde, darin nicht sey der

Bilderzyklus im Brückengiebel

Tod." Auch unter den anderen Bildern sind weitere Klagesprüche, erklärende Verse sowie die Namen der Mäzene zu lesen, deren großzügiges Sponsoring dieses Denkmal ermöglichte.

Den Menschen im Mittelalter mag ein Memento mori, die Erinnerung an die eigenen Sterblichkeit, noch schauerliche Schrecken eingejagt haben. Der um 1637 vollendete Totentanz-Bilderzyklus auf der Spreuerbrücke ist inzwischen jedoch so in die Jahre gekommen, dass der Tod ziemlich gestrig und nicht mehr ganz frisch erscheint, so, als wäre er selbst vergänglich. Herrlich altmodisch wirkt er, mitunter sogar unbeabsichtigt komisch, wenn er einer Frau aus ihrem eigenen Bett entgegenhüpft oder sich neckisch hinter Hecken versteckt. Angst machen solche Sensenmänner nicht, ihre schlichte Botschaft aber schlägt jede noch so pathetische Glückskeks-Philosophie: Irgendwann ist euer Leben, der Tanz mit dem Tod, vorbei. Schlagt uns ein Schnippchen, so lange ihr könnt. Aber gern! Nach einem Gang über die Spreuerbrücke lässt sich Luzerner Lebensleichtigkeit noch ein bisschen intensiver spüren.

Totentanz-Szene

Info

Lage: Spreuerbrücke, 6004 Luzern. Die Fußgängerbrücke verbindet das linke Reussufer von der Pfistergasse mit dem Mühlenplatz auf der anderen Seite.

Website: *kapellbruecke.com*

HINWEIS: Im Ritterschen Palast werden die berühmten Totentanz-Bilder von Jakob von Will gezeigt.

Theria

Innenstadt Süd

Die alte Suidtersche Apotheke

Innenstadt Süd

7. Geflügelte Bodyguards? Franziskanerkirche St. Maria
8. Nebenwirkung Nostalgie: Alte Suidtersche Apotheke
9. In Schmaus und Braus: zu Gast im Wilden Mann
10. Happy ohne Happy End: Jesuitenkirche St. Franz Xaver
11. Süße Wetteraussichten: Lozärner Rägetröpfli
12. Ahoi statt Grüezi: Schifffahrt im Winter
13. Das Herz hat Ohren: Kultur- und Kongresszentrum Luzern (KKL)
14. Tausendundein Sonnentag: die Sommerbars im Inseli Park
15. A little dream: Kleintheater Luzern
16. Gut gealterte Moderne: Shopping-Center Schönbühl
17. Im Second-Hand-Himmel: Flohmarkt „Strandgut" im Neubad

Museggstrasse
Grendelstrasse
Cysatstrasse
Löwengraben
Weggisgasse
Kapellplatz
Furrengasse
Rathausquai
Mühlenplatz
REUSS
Seebrücke
2
12
10
9
8
11
Bahnhofstrasse
13
Luzern
Europaplatz
14
7
Hirschmattstrasse
Inseliquai
Pilatusstrasse
Frankenstrasse
Morgartenstrasse
Zentralstrasse
Hallwilerweg
Frohburgsteg
Werftestrasse
Murbacherstrasse
Hirschmattstrasse
Sempacherstrasse
Kauffmannweg
Güterstrasse
15
Moosstrasse
Bundesplatz
Suva Passage
Neustadtstrasse
Güterstrasse
Taubenhausstrasse
Bundesstrasse
Bleicherstrasse
Neuweg
Schönbühlweg
Claridenstrasse
16
Obergrundstrasse
Ahornstrasse
Langensandstrasse
Bireggstrasse
17
Kleinmattstrasse
Neustadtstrasse
Fruttstrasse
Moosmattstrasse
Eschenstrasse
Geissensteinring

7 Geflügelte Bodyguards?

FRANZISKANERKIRCHE ST. MARIA

Als typisches Bauwerk der mittelalterlichen Bettelordenarchitektur gehört die Franziskanerkirche zu den besonderen Sehenswürdigkeiten der Stadt. Ein echter Hingucker des Gotteshauses bleibt in Reiseführern aber meist unerwähnt.

Einen Engel erkennt man immer erst, wenn er längst wieder gegangen ist, lautet eine jüdische Weisheit. In Luzerns Franziskanerkirche kann einem das nicht passieren. Im Vorraum der Seitenkapelle schweben sie in Scharen an der Decke. Deren Fläche ist durch Stuckaturen in viele geometrische Felder geteilt und in jedem Feld tummelt sich eine kleine Putte. Keine dieser geflügelten Leibwächter also, die so gern als Schutzengel gepriesen werden, keine spirituellen Superstars aus der Riege der verkündungsfrohen Erzengel und auch keine protzigen Deko-Figuren, die immer nur an Weihnachten Saison haben, sondern lauter halbnackte Knäblein, goldgelockt, pausbäckig und mit wolkenweißen Flügelchen.

Rund 400 Jahre alt sind diese lieblichen Stuckbilder, stammen somit aus einer Zeit, für die Kunsthistoriker den Begriff Spätrenaissance bereithalten. Wie viele Kirchgänger haben wohl schon unter dieser Decke gesessen und versucht auszumachen, was die Putten da eigentlich in ihren Händen halten? Für heutige Betrachter sieht manches aus wie Schallplattenspieler oder Schreibmaschinen, anderes ist hingegen unzweifelhaft als Fahne oder Kandelaber, als Schiff, Spiegel oder Regenbogen zu erkennen. Es handelt sich um biblische Symbole, die hier in die Obhut der Engel gegeben wurden – Noahs Arche, König Salomons Thron, Weinreben, der Baum des Lebens, Himmelsleitern oder Moses Dornbusch.

Kirche mit Marienbrunnen

Bibelfestigkeit oder Glauben sind keine Voraussetzungen, um Freude an der Engelsdecke der Franziskanerkirche zu haben. Selbst wer sonst nur zu den religiösen Zaungästen zählt, wird von der Heiterkeit des fidelen Völkchens angesteckt. Den Kopf leicht in den Nacken legen, in dem himmlischen Wimmelbild über sich versinken, die Zeit vergessen und sich abends beim Zubettgehen fragen, ob das vielleicht das kleine Glück gewesen ist, von dem alle immer reden; diese unbeschwerte stille Stunde, die man fern der alltäglichen Betriebsamkeit beim Putten-Gucken verbracht hat.

Ein Himmel voller Engel

Lage: Franziskanerkirche, Franziskanerplatz 1, 6003 Luzern

Website: *kathluzern.ch*

HINWEIS: Ein bildhauerischer Blickfänger ist der kniende Engel, der die Kanzel lächelnd auf seinem Kopf balanciert.

Info

8 Nebenwirkung Nostalgie

ALTE SUIDTERSCHE APOTHEKE

Mit der Globalisierung kamen die geklonten Innenstädte. Überall tragen Einkaufsstraßen einen Einheitslook aus immer gleichen Mobilfunkshops, Modeläden und Drogerieketten. Gelangweilt von so viel Eintönigkeit nutzen Passanten das spiegelnde Schaufensterglas meist nur noch, um den Sitz ihrer Frisuren zu überprüfen. Im Herzen der Luzerner Altstadt aber gibt es ein Fenster, an dessen Scheibe sich Menschen die Nasen platt drücken. Der tagsüber unbeleuchtete Raum sieht aus, als wäre er vor langer Zeit zum letzten Mal betreten und dann vergessen worden. Da baumeln Knochen, hölzerne Fabelwesen und getrocknete Kräuter von einer kunstvoll bemalten Decke. Neben einem schweren Mörser aus Zinn hockt eine ausgestopfte Eule auf einem dicken Arzneibuch und die vielen Glas- und Tongefäße offenbaren ihren Inhalt nur den Eingeweihten: Theriaca, Elix Pector, Castoreum lauten ihre Aufschriften – Namen mit denen man hexen oder heilen kann, vielleicht sogar beides.

Ein Ort in der Luzerner Altstadt übt auf Liebhaber alter Zeiten eine geradezu magnetische Wirkung aus, weil er aussieht, als hätte er die vergangenen Jahrhunderte völlig ignoriert.

An den Utensilien des alten Apothekergewerbes ist ein Hauch Mittelalter hängen geblieben.

Apotheken-Schaufenster

Es ist der Geist der Alchemisten und eine kleine Prise Harry-Potter-Zauber, die das museal schöne Schaufenster so anziehend machen. Es gehört zur Suidterschen Apotheke, die direkt nebenan antike Arzneikunde und moderne Pharmazie unter einem Dach vereint. 1833 eröffnet ist sie die älteste Apotheke der Stadt, die bis heute in Betrieb ist und Teile ihrer Original-Inneneinrichtung bewahrt hat. Auf dem polierten Holz der Apothekerschränke sammeln sich von Hand beschriftete Fläschchen und Tiegel. Neben dem üblichen Sortiment an Medikamenten gehören auch Hausspezialitäten wie Kräutermischungen, Cremes und spezielle Teesorten zum Angebot. „Ottos Nasensalbe", „Taucherohrentropfen" und „Marienbader Entfettungstee" werden noch immer nach uraltem Rezept hergestellt. Der „Mutter-und-Kind-Hautbalsam" erlangte sogar in der ganzen Schweiz Bekanntheit und zählt zu den Bestsellern der Apotheke. Für Touristen ist die Salbe in originalgetreuer Verpackung ein hübsches Souvenir. Mit Risiken und Nebenwirkungen muss allerdings rechnen, wer die Apotheke und ihr Schaufenster besucht. Am häufigsten treten starke Schübe von Sehnsucht nach alten Zeiten auf. Die waren vielleicht nicht besser, in einer Gegenwart, in der alles von Kommerz kontaminiert zu sein scheint, gehören tröstlich unmoderne Orte aber dringend unter Artenschutz gestellt.

Lage:
Alte Suidtersche Apotheke,
Bahnhofstrasse 21, 6003 Luzern

Website: *suidter.ch*

Info

9 In Schmaus und Braus

ZU GAST IM WILDEN MANN

In einer Welt voller Fastfood-Buden und Mikrowellen-Mampf wird ein Ort, an dem nach Traditionsrezepten gehackt, geschmort, gesimmert und gebraten wird, zur echten Offenbarung.

Eines der Dinge, nach denen heimwehkranke Luzerner sich angeblich besonders sehnen, soll ein Gericht aus Großmutters Küche sein – Luzerner Chügelipastete. Namensgebend für das Kalbfleischfrikassee in kuppelförmiger Blätterteighülle waren die wichtigsten Zutaten, kleine Hackfleischkugeln, die auf Schweizerdeutsch Chügeli genannt werden. Der Geschmack von Geschnetzeltem, Champignons und marinierten Rosinen vermag es offenbar, vergangene Stimmungen herbeizuzaubern. Als kollektiv geteilte Kindheitserinnerung hat sich die Chügelipastete jedenfalls in das kulinarische Gedächtnis Luzerns eingeschrieben. Längst ist sie keine bloße Mahlzeit mehr, sondern ein essbares Erbe.

Wer über kein eigenes Familienrezept für eine lukullische Zeitreise verfügt, der kann im Wilden Mann in die gute Gesellschaft von Pasteten-Patrioten geraten und sich zeigen lassen, wie man Tradition vom Teller löffelt. Viele Orte, die mit Brauchtum werben, sind ja meist nicht allzu geschichtsträchtig, stattdessen nur sehr geschäftstüchtig. Dem Wilden Mann fehlt es hingegen nicht an Vergangenheit. In seinen Räumen stapeln sich die Jahrhunderte, Jahre und Tage. Am 21. Februar 1517 schlugen sich hier schon einige Bauern die Bäuche voll. Ganze 75 Pfund hat ihre Völlerei gekostet, wie Schatzmeister Hans von Hertenstein damals im Kassenbuch der Stadt vermerkte. Sein Eintrag gilt als erste urkundliche Erwähnung der Gaststätte, die damit auf ein halbes Jahrtausend Geschichte zurückblicken kann und ebenso langlebig ist wie der Mythos vom Wilden Mann.

Luzerner Chügelipastete

Wilde-Mann-Statue

Der bärtige Riese aus den mittelalterlichen Sagen lieh nicht nur dem Lokal seinen Namen, er gilt als Beschützer des blau-weißen Luzerner Wappens und taucht deshalb auch an manchen Orten der Stadt auf, als Brunnenfigur oder als Fassadenmalerei auf dem Zytturm der Museggmauer und sogar die erste Bildtafel der Kapellbrücke ist ihm gewidmet. Sie zeigt den laubbekränzten Koloss, wie er mit seiner rechten Hand drohend einen ausgerissenen Baum schwenkt. Den Riesen von Reiden haben sie ihn getauft und fest daran geglaubt, dass er nicht bloß ein Fabelwesen war. Schließlich hatte man im Jahr 1577 ja seine sterblichen Überreste gefunden. 55 Zentimeter lang und 2,5 Kilogramm schwer war der Knochen, der unter einer umgestürzten Eiche beim Kloster Reiden zum Vorschein gekommen war und die Menschen in Aufruhr versetzt hatte. Keinem der damals bekannten Tiere konnte das Gebein zugeordnet werden. So wurde es flugs als Beweis für die Existenz eines Riesengeschlechts umgedeutet und die Luzerner waren unbändig stolz auf ihre imposanten Vorfahren.

Dass es sich dabei eigentlich um Wollhaarmammuts handelte, hat sich unterdessen zwar herumgesprochen, der Zauber der alten Geschichte blieb dennoch ebenso erhalten wie das Traditionsgasthaus „Wilden Mann". Dort hat das Leben einen endlosen Fortsetzungsroman geschrieben. Nach mehrfachen Umbauten und Erweiterungen erstreckt sich der Komplex auf sieben Altstadthäuser, die im Laufe der Jahrhunderte zu einem einzigen Gasthaus, bestehend aus zwei Restaurants und einem Hotel, zusammengewachsen sind. Der älteste Teil des Betriebes, die Burgerstube, war einst Zentrum mancher Zechgelage. Im Jahr 1908 im neugotischen Stil eingerichtet, präsentiert sie sich heimelig-rustikal mit dunklem Holz, Butzenscheiben, Bauernstühlen, Jagdtrophäen und alten Wappenmalereien an den Wänden. Passend zum Interieur stehen herzhafte Gerichte auf der Karte, traditionell, aber nicht altbacken, ganz wie der Klassiker des Hauses – die Luzerner Chügelipastete. Hausmannskost als Hommage an die währschafte Schweizer Küche aus Großmutters Zeiten, aber so raffiniert und fein zubereitet, dass auch Nicht-Eidgenossen beim Schlemmen ins Schwärmen geraten. En Guete mitenand!

Der Riese von Reiden

Lage: Hotel Wilden Mann, Bahnhofstrasse 30, 6003 Luzern

Website: *wilden-mann.ch*

HINWEIS: Der Mammutknochen wird heute im Luzerner Natur-Museum aufbewahrt. *naturmuseum.ch*

Info

10 Happy ohne Happy End

JESUITENKIRCHE ST. FRANZ XAVER

Gut gebaute Gotteshäuser haben selbst auf Nichtgläubige die gleiche Wirkung wie Räucherstäbchen auf Buddhisten – sie schalten die Welt für eine Weile einfach aus. Die Luzerner Jesuitenkirche ist so ein fabelhaftes Bauwerk, noch dazu eines mit einer unerwarteten Botschaft.

Wände, so weiß wie frisch gefallener Schnee, üppig stuckverziert und eingetaucht in eine strahlende Lichterfülle, die jedem noch so überirdischen Heiligenscheinleuchten die Show stehlen würde. Dieser Raum ist ganzheitlich großartig. Selbst der renommierte Kunsthistoriker Adolf Reinle befand schwärmerisch, er sei ein „einmaliger, restlos geglückter genialer Wurf". Die älteste und wohl auch schönste Barockkirche der Schweiz, erbaut zwischen 1666 und 1677, ist kunst- und kulturgeschichtlich so bedeutsam, dass ich sie mit völliger Berechtigung auch in die Top-10-Liste der Luzerner Highlights hätte aufnehmen können. Dann aber wäre die Geschichte einer außergewöhnlichen Frau unerzählt geblieben, dabei kann sie durchaus ein weiterer Grund sein, sich das Gotteshaus anzuschauen.

Deckenmalerei

So wie heutige Besucher der Kirche Besinnlichkeit und Stille ihres Innenraums auf sich wirken lassen können, bis die äußere Ruhe zur inneren wird und die Rastlosigkeit der Welt in Vergessenheit gerät, so wünschte sich einst auch Nikolaus von Flüe einen Rückzugsort, um zu sich selbst zu finden. Ein wohlhabender Schweizer Bauer, Ratsherr, Richter und Vater von zehn Kindern war dieser Nikolaus und geriet trotz beruflicher Erfolge und familiärem Glück in eine radikale Sinnkrise. An schweren Depressionen leidend brach er schließlich mit allem, um sein Leben fortan Gott zu widmen und als Bruder Klaus ein Einsiedlerdasein zu führen.

Das geschah im Jahr 1467. Nikolaus war 50 Jahre, sein jüngster Sohn gerade einmal 13 Wochen alt, doch seine Frau Dorothea soll mit der Trennung einverstanden gewesen und gern zur alleinigen

Blick zum Altar

Chefin des Flüe-Clans geworden sein. Ein Fall für die innere Alice Schwarzer. Je nachdem wie stark die feministische Instanz in uns ist, sehen wir Dorothea als Opfer männlicher Selbstsucht oder als Frau von Format, die Stärke bewies und vielleicht sogar froh war, ihren überforderten Mann los zu sein. Ein Hinweis darauf, dass die Wahrheit irgendwo dazwischen liegt, findet sich in einer Seitenkapelle der Jesuitenkirche, die dem Bruder Klaus gewidmet ist.

Statue des Nikolaus von Flüe

Dort steht eine lebensgroße Statue des Nikolaus von Flüe. Sie trägt ein Original-Gewand des Eremiten, eine dunkelbraune Kutte, die ihm ausgerechnet Dorothea zum Anlass seines Fortgehens gewebt haben soll. Ein Zeichen ihrer fürsorglichen Liebe also. Scheinbar haben beide ihren Frieden gefunden. Sie wurde zur erfolgreichen Managerin von Großfamilie und Hof und er zum Schweizer Nationalheiligen. Ist das nicht ein unerhört gutes Beispiel für das viel gepriesene Glück des Loslassens? Um darüber nachzudenken, gibt es in Luzern kaum bessere Gelegenheiten als bei einer Auszeit in der Jesuitenkirche.

Lage:
Jesuitenkirche, Bahnhofstrasse 11a, 6003 Luzern

Website: *jesuitenkirche-luzern.ch*

Info

11 Süße Wetteraussichten

LOZÄRNER RÄGETRÖPFLI

Kann Süßes die Welt retten? Das nicht, aber feinster Schokoladenregen vermag immerhin fehlenden Sonnenschein so gut zu ersetzen, dass alle trüben Gedanken unverzüglich in den Hintergrund treten. Der Quell für diese fabelhafte Leckerei sprudelt in der Confiserie Heini.

Der Beiname „Schüttstein der Schweiz" haftet so hartnäckig an Luzern wie Seepocken am Schiffsrumpf, dabei öffnet Himmelspförtner Petrus seine Schleusen hier nicht öfter als anderswo. Vollkommen zutreffend ist hingegen, dass es eine Art des Regens gibt, die ausschließlich in der Stadt am Vierwaldstättersee vorkommt und die nicht nass, sondern glücklich macht – Lozärner Rägetröpfli. Das sind zartschmelzende Pralinen gefüllt mit Kirschlikör und Trüffelcreme, umhüllt von einem dicken Mantel aus Milch- oder Zartbitterschokolade – eine Spezialität der Confiserie Heini. Eine Kundin soll an einem besonders verregneten Tag in den 1960er-Jahren um ein wenig Sonne für die Seele gebeten und Konditor Hans Heini so auf die Idee gebracht haben, Schokoladentropfen gegen Schlechtwetterstimmung zu kreieren. Die sind ihm so gut gelungen, dass sich jährlich über eine Millionen Stück verkaufen. Inzwischen wurden die Tröpfchen auch in das Inventar des kulinarischen Erbes der Schweiz aufgenommen und gehören somit zur selben Liga wie Appenzeller Käse, Basler Leckerli, Bündnerfleisch und Raclette.

Gute-Laune-Lieferanten

Vor der Ladenvitrine zu stehen und sich zu überlegen, ob man sich eine Schachtel mit neun, zwölf oder doch besser mit 25 verführerischen Tröpfli gönnt, ist schon das pure Vergnügen. Von Regentänzen, die vor ihrem Genuss als Ausdruck der Vorfreude aufgeführt würden, ist nichts bekannt, aber ethnologische Studien der Einheimischen haben ergeben, dass unter Schweizer Leckermäulern drei rituelle Arten des Verzehrs verbreitet sind: Bei der einfachen Varianten lässt man die Tröpfchen ganz langsam auf der Zunge zergehen, bis Kirsch-, Trüffel- und Schoko-

Turm aus Rägetröpfli

aromen zu einer Melange verschmelzen. Fortgeschrittene beißen zunächst vorsichtig ein kleines Stück ab, um mit der Zungenspitze ausgiebig die Füllung kosten zu können, ohne jedoch etwas vom Kirschlikör zu verkleckern, und echte Draufgänger sorgen sofort für klare Verhältnisse. Sie stecken gleich die ganze Praline in den Mund und zerbeißen sie. Zack! Eine Geschmacksexplosion. Damit es beim Reinbeißen auch so richtig schön knackt, müssen die Rägetröpfli die richtige Temperatur haben. 16 bis 18 Grad Celsius sind ideal, meinen Naschexperten.

Die Kunst der Confiserie

Doch egal, wie man sie genießt, es regnet immer jede Menge Glückshormone, die sofort gute Laune machen – und das nicht allein bei den Kunden der Confiserie. Die Stimmung bei den Verkäuferinnen ist in allen vier Heini-Fillialen immer auffallend fröhlich. Kein Wunder, wer Tag für Tag Stimmungsaufheller über die Ladentheke reicht und anderen das Dasein versüßt, zweifelt sicherlich nicht so schnell am Sinn seiner Arbeit. Einen guten Tipp gegen das schlechte Gewissen wegen all der Kalorien haben sie bei Heini übrigens auch: Wer nicht genießt, wird ungenießbar.

Info

Lage: Heini Luzern, Bahnhofplatz 3, 6003 Luzern. Das Hauptgeschäft befindet sich in der Altstadt in der Hertensteinstrasse 66, eine weitere Filiale am Löwenplatz 9.

Website: *heini.ch*

12 Ahoi statt Grüezi

SCHIFFFAHRT IM WINTER

Alle schwärmten sie vom Vierwaldstättersee – Dichter, Könige und Komponisten, doch sie reisten zumeist nur im Sommer an. Ein Fehler. Nie ist die Luzerner Bucht von einem größeren Zauber umgeben als an kristallklaren Wintertagen.

Im Hochsommer zieht es die Menschen so massenhaft aufs Wasser, dass die Luzerner Ausflugsschiffe unter der Last ihrer Passagiere wie überfütterte Mastgänse auf dem See liegen. In der Sonne baden, sich von Gischtspritzern erfrischen lassen, Seeluft schnuppern und die Landschaft genießen – herrlich. Der Blick in die Weite über das Wasser und hin zu den Bergen bleibt allerdings nach einem halben Meter hängen. Statt des Alpenpanoramas breitet sich rings um die Reling nämlich eine Menschenlandschaft aus Karohemden, wallenden Haaren und Sommerhüten aus. Warum nicht lieber an einem sonnigen Wintertag auf Bootstour gehen? Anders als auf den meisten übrigen Alpenseen muss die Luzerner Schifffahrtsgesellschaft keinen Winterschlaf einlegen, sondern kann ganzjährig verkehren. Eine starke Strömung, aufrührerische Winde und seine Tiefe von über 200 Metern machen den Vierwaldstättersee immun gegen eisige Kälte und verhindern das Zufrieren. Sorgen, einen guten Platz zu ergattern, erübrigen sich meist auch, weil das Gästeaufkommen in der kalten Jahreszeit geringer und die Zahl der Konkurrenten deshalb überschaubar ist. Beim Anlegen des Schiffes straffen sich die Reihen der Wartenden trotzdem. Wie Murmeln auf der Holzbahn

Auf Dampferfahrt

gleiten die Fahrgäste gleichmäßig schnell über die Einstiegsrampe und kullern an Bord. Die fünf nostalgischen Raddampfer der Flotte werden leider nur in den Sommermonaten eingesetzt, doch auf diesem Gewässer ist auch jedes der 14 Motorschiffe mehr als nur ein schnödes Transportmittel, schließlich schaukelt auf seinen Wellen ein Versprechen: „Hier ist der Alltag fern", lautet es. „Hier vergesst ihr das mürrische Gesicht der Supermarktkassiererin ebenso wie die lästige Steuererklärung und den Strafzettel fürs Falschparken." Alle Sorgen flattern hinweg wie die Möwen, die lachend dem Ausflugsboot folgen.

See-Berg-Panorama

Die Schweiz ein Binnenland? Pah, so ozeanblau wie der Vierwaldstättersee leuchtet, könnte er glatt in ein Meer fließen. Das Aquarell seines Wassers ist einfach ein wunderbares Mittel gegen Melancholie: Vergissmeinnichtblau, Türkis mit Klecksen von Tintenblau und wenn die Sonne die Wellen im richtigen Winkel trifft auch Ultramarin und Ozeanblau – als hätte sich der Vierwaldstättersee alles Blaue von Himmel heruntergelogen. Auf diesem lügenblauen Wasser spiegeln sich schneeköniginnenweiße Berggipfel und einige in Windeseile vorbeiziehende Wölkchen.

32 Schiffsstationen rund um den See werden angesteuert. So haben Passagiere die Wahl, nur kurz von Luzern nach Küssnacht zu schippern, sich zu einer der Zahnrad- und Seilbahnstationen bringen zu lassen oder einen Ausflug zum Rütli, dem sagenhaften Gründungsort der Schweiz, zu unternehmen. Wer lieber den ganzen Tag auf dem See verweilen möchte, geht auf Große Rundfahrt bis ans andere Ende des Vierwaldstättersees, nach Flüelen im Kanton Uri. Landzunge um Landzunge wird auf dem Weg dorthin umrundet und hinter jeder öffnet sich ein weiteres traumhaft schönes Seebecken. Ein frostiger Wind schießt feine Wassernadeln durch die Luft und pikst den Menschen, die tagträumend an der Reling ausharren, rotwangige Wintergesichter. Yogatechniken zur Entfachung innerer Glut sind aber nicht gefragt. Die Kraft der Farben im überhellstrahlenden Winterlicht und ein Wellengang, der anregender wirkt als Koffein, genügen, um einen erhitzenden Rausch auszulösen – und falls doch nicht, dann hilft eine Aufwärmpause im großen Saal, wo man bei heißer Ovomaltine und Lozärner Schokoladentorte die alte Leier des Lebens noch eine ganze Bootsfahrt lang auf gehörigen Abstand halten kann.

Winterfahrt

Lage: Schifffahrtsgesellschaft des Vierwaldstättersees (SVG) AG, Werftestrasse 5, 6005 Luzern

Website: *lakelucerne.ch*

HINWEIS: Auf Spezial-Rundfahrten sind auch Brunch-, Torten- und Fondue-Schiffe im Einsatz.

Info

13 Das Herz hat Ohren

KULTUR- UND KONGRESSZENTRUM LUZERN (KKL)

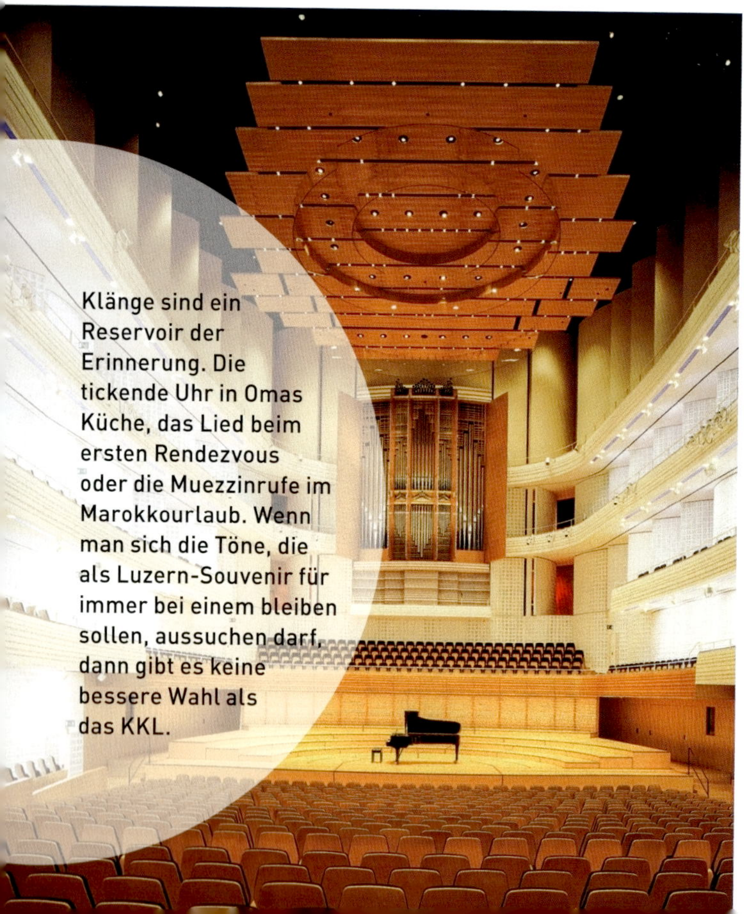

Klänge sind ein Reservoir der Erinnerung. Die tickende Uhr in Omas Küche, das Lied beim ersten Rendezvous oder die Muezzinrufe im Marokkourlaub. Wenn man sich die Töne, die als Luzern-Souvenir für immer bei einem bleiben sollen, aussuchen darf, dann gibt es keine bessere Wahl als das KKL.

Konzertsäle sind geheimnisvolle Orte. Man weiß nie, was einen erwartet. Mahler, Mozart oder Schostakowitsch stehen auf dem Programm, ob die Aufführungen einem musikalische Streicheleinheiten oder akustische Fußtritte verpassen, bleibt aber abzuwarten; es sei denn, man ist zu Gast im Kultur- und Kongresszentrum Luzern (KKL). Dann darf man die Messlatte der Erwartung hoch legen und sich darauf freuen, Ohrenzeuge eines Konzerts der Extraklasse zu werden. Perfekte Maße, Echokammern, gelochte Gipsverkleidungen und höhenverstellbare Schallreflektoren schaffen einen der klangschönsten Räume der Welt, quasi den Karajan unter den Konzertsälen.

Zum schalldichten Auditorium existiert keine einzige feste Verbindung, die Geräusche von Außen übertragen könnten. Stararchitekt Jean Nouvel und Akustik-Experte Russell Johnson ließen die Konstruktion kontaktlos in das Gebäude einhängen und um den Raum herum noch eine zweite Wandschale bauen. Die so entstandenen riesigen Schachträume überquert das Publikum durch geräuschschluckende Schleusen.

Ein Bau des Architekten Jean Nouvel

Die phänomenale Akustik des Saals bringt das gesamte musikalische Repertoire optimal zum Klingen – von traditioneller Volks- und Blasmusik über Jazz und Blues, Rock und Pop bis zur Neuen Musik. Alljährlich im Spätsommer reisen legendäre Dirigenten, virtuose Solisten und internationale Spitzenorchester an, wenn das KKL mehrere Wochen exklusiv für die klassischen Konzerte des Lucerne Festivals reserviert ist. Doch egal, zu welcher Zeit man selbst in Luzern ist: Den Soundtrack seiner Reise in die Schweiz sollte man sich auf jeden Fall im KKL abholen – Musik, die von Einsamkeit und Verzweiflung verkündet, die durch Schmerz, Hoffnung, Euphorie und Liebe trägt, mal weich pulsierend, dann so wuchtig schallend, als gelte es mit einem Urknall eine neue musikalische Welt zu erschaffen. Musik, die rührt und irritiert, die beruhigt, absorbiert und aufputscht – nur kalt lässt sie einen nie. Gut, dass es immer noch möglich ist, an

Seelage mit Bergkulisse

die Quelle des Klangs zu gelangen und mit Musikern den selben Raum zu teilen. So können Konzerte im KKL zur Tonspur zukünftiger Tagträume von Luzern werden und das Sich-Zurück-Wünschen an den Vierwaldstättersee auf ewig mit Rachmaninow, Strauss und Schumann verbunden bleiben.

Info

Lage:
KKL Luzern, Europaplatz 1,
6005 Luzern

Website: *kkl-luzern.ch*

HINWEIS: Führung durch den von Jean Nouvel erbauten Komplex können auf der Website gebucht werden.

14 Tausendundein Sonnentag

DIE SOMMERBARS IM INSELI PARK

Grünflächen gehören zur Standardausstattung jeder Stadt, die ein wenig Lebensqualität bieten will. Nichts Besonderes also. Doch in Luzern können selbst die kleinsten Parks groß Karriere machen und sich vom gemiedenen Schmuddelkind zu einem der beliebtesten Treffpunkte mausern.

Viele Rotkäppchen verderben dem Wolf das Spiel! Das müssen sich auch die klugen Köpfe der Luzerner Stadtverwaltung gedacht haben, als sie beschlossen, mit der Eröffnung von Sommerbars für mehr Sicherheit im öffentlichen Raum zu sorgen. Die Idee dahinter: Nimmt man Menschen die Angst, erobern sie sich scharenweise zwielichtige Plätze zurück und vertreiben so die Gefahren. Auf diese märchenhaft einfache Weise verwandelte sich auch das Inseli – eine kleine Parkanlage direkt am Vierwaldstättersee – von einer No-go-Area zu einem der schönsten Plätze Luzerns.

Sommerbar am See

Bis zum Anfang der 1950er-Jahre war dort tatsächlich noch ein kleines Eiland zu finden, vom Festland durch einen schmalen Kanal getrennt. Der wurde kurzerhand zugeschüttet, als man Platz für den Bau von Parkplätzen benötigte. Nur noch dem Namen nach ein Inseli, blieb auch von der einstigen Idylle bald nichts mehr übrig, als es wegen Rauschgifthandel, Gewaltdelikten und Prostitution zu massiven Problemen in dem Gebiet kam.

Seine bewegte Vergangenheit merkt man dem Inseli heute nicht mehr an. Statt Vandalismus, Schlägereien und Drogen erwarten einen dort Sommerdrinks, Snacks und Salsa-Rhythmen, seit die beiden kleinen Beizen „Buvette" und „Volière" Menschen anziehen wie Honig die Bienen. Sobald der Sommer die Sonne hisst, relaxen die Luzerner an kleinen Tischen, in Liegestühlen oder einfach auf der Wiese und genießen die Aussicht hinüber auf das

Entspannte Sonnentage

andere Seeufer zur Hofkirche. Umblüht, besummt, umzwitschert und ab und an von einer leichten Brise gekühlt – wo ließe sich ein heißer Tag besser verbringen als im Inseli Park?

Die „Café Bar Volière“ wird vor allem mittags belagert. Ihre leckeren vegetarischen oder veganen Menüs sind längst kein Geheimtipp mehr, ebenso wenig wie die große Auswahl an regionalen Getränken: hausgemachter Eistee, Luzerner Bier, Cidre aus dem Seetal oder Wein aus Meggen. Auch die „Buvette im Inselipark“ stillt den Durst sonnenhungriger Städter, serviert feine Kleinigkeiten und lädt regelmäßig zu Grillanlässen, Livemusik, Spielenachmittagen und Tanzcafés. Hüftschwingende Merengue-Tänzer, weintrinkende Senioren, philosophierende Hipster, tobende Kinder und Angestellte, die erst beim Pausenkaffee, später beim Feierabenddrink entspannen – das Inseli ist zum sozialen Schmelztiegel geworden und genau das macht diesen Ort so liebenswert. Hier hat es selbst für den Wolf noch Platz, wenn er sich denn zu benehmen weiß. Und so leben sie denn glücklich und vergnügt bis an das Ende ihrer Tage.

Inseli-Buvette

Lage: Inseli, Werftsteg, 6005 Luzern

Website: *stadtluzern.ch/dienstleistungeninformation/631*

HINWEIS: Der Park ist ganzjährig zugänglich, die Gastronomie öffnet von April bis Ende September.

Info

15 A little dream

KLEINTHEATER LUZERN

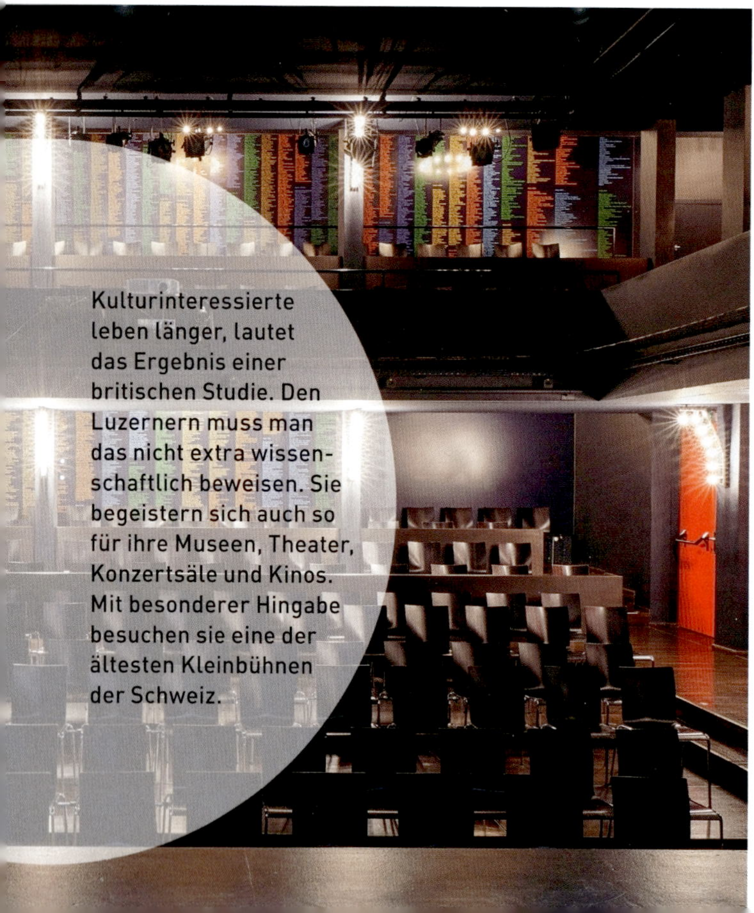

Kulturinteressierte leben länger, lautet das Ergebnis einer britischen Studie. Den Luzernern muss man das nicht extra wissenschaftlich beweisen. Sie begeistern sich auch so für ihre Museen, Theater, Konzertsäle und Kinos. Mit besonderer Hingabe besuchen sie eine der ältesten Kleinbühnen der Schweiz.

Kleinkunstbühne seit 1967

Sich an einen Theaterabend zu erinnern, ist oft so, als riefe man sich einen Traum ins Gedächtnis zurück. Der Traum beginnt mit erwartungsvollem Wispern im dunklen Zuschauerraum und mit aufgeregten Menschen, die hinter der Bühne darauf warten, gleich Krieg und Frieden ins Leben ihres Publikums zu bringen. Wird dieser Traum mit vielen Subventionen und großem Aufwand realisiert, nennt man ihn Staatsschauspiel, gelingt es hingegen mit nur wenigen Mitteln viel zu machen, spricht man verzwergend von Kleinkunst. Kulturglück aber lässt sich auch im Kleinen finden, im Kleintheater Luzern erst recht. Was darf es denn sein – absurdes Theater, philosophisches Kabarett, zeitgenössischer Jazz, Pantomime, Tanz, Lesungen, Kinderstücke oder scharfzüngige Komik?

Für all das gab es in Luzern früher nur gelegentlich in Pfarrei- und Hotelsälen Platz, bis der Schweizer Kabarettist Emil Stein-

Hora-Ensemble mit „Kontakt Killer“

berger 1967 in seiner Heimatstadt eine Kleinkunstbühne eröffnete und freischaffenden Akteuren damit Auftrittsmöglichkeiten bot. Georg Kreisler, Hans Dieter Hüsch, Zarah Leander, Max Küng, Georgette Dee, Bruno Ganz und Hazel Brugger sind nur einige der vielen Berühmtheiten, die seit der Theatergründung vor mehr als 50 Jahren kleine Kunst in großem Stil präsentiert haben. Ausstellungen, Festivals und Sonderaktionen machen das ohnehin vielfältige Programm noch bunter. So konnten experimentierfreudige Theaterbesucher ihre Wahrnehmungsgrenzen austesten und sich auf eine Virtual-Reality-Reise einlassen. Und um den ganzen Reichtum der Kunstformen aus unterschiedlichen Ländern erlebbar zu machen, bietet das Kleintheater seit einiger Zeit auch geflüchteten Kulturschaffenden eine Bühne. Wenn die kurdische Autorin Ruken Şahan oder der syrische Musiker Bahur Ghazi ihr Publikum auf eine emotionale Reise in ihre alten und neuen Heimatländer mitnehmen, wird fühlbar, was es bedeutet, Abschied nehmen und in einer fremden, nicht immer freundlichen Gesellschaft ankommen zu müssen. Nun können sie mit ihrer Kunst im Kleintheater Wurzeln schlagen. Ein Ort, an dem Geschichten erzählt und Gedanken gesät werden, wo Gehirne wachsen können und vor Lachen die Tränen fließen, ein Ort, an dem sich für einen Abend eine Gemeinschaft bildet, um miteinander zu träumen. Solch sinnstiftende und herzerwärmende Erfahrungen, liebe britische Wissenschaftler, haben eine lebensverschönernde Wirkung, lebensverlängernd und heilsam kann das Gute, Wahre und Schöne der Kunst aber ganz sicher auch sein.

Info

Lage: Kleintheater Luzern, Bundesplatz 14, 6003 Luzern

Website: *kleintheater.ch*

HINWEIS: Fans von Emil logieren im Hotel Schweizerhof in Zimmer 168, das dem Kult-Kabarettisten gewidmet ist. *schweizerhof-luzern.ch*

16 Gut gealterte Moderne

SHOPPING-CENTER SCHÖNBÜHL

Weil der American Way of Life eingeschweizert, der Städtebau neu gedacht und die Nörgelei von Fortschrittsfeinden ignoriert wurde, kann man in Schönbühl Architekturtouristen mit Einkaufstüte treffen. Diese Kausalkette ist schnell erklärt: Das Schönbühl-Quartier liegt im Süden der Stadt Luzern, in unmittelbarer Nähe zum Vierwaldstättersee. Als dort in den 1960er-Jahren Planungen bekannt wurden für ein überdachtes Einkaufszentrum nach amerikanischem Vorbild, das zusammen mit einem markanten Hochhausbau zum Zentrum des Wohnviertels werden sollte, fürchteten viele Bewohner, dass ihnen die Berg- und Seesicht ramponiert werden würde. Davon, dass der Zürcher ETH-Professor Alfred Roth, ein Weggefährte Le Corbusiers, das Ladenzentrum und der finnische Star-Architekt Alvar Aalto das 16-stöckige Wohnhochhaus entwerfen würde, zeigten sich die Kritiker des Projekts unbeeindruckt. Als das allererste Shoppingcenter der Schweiz dann 1967 öffnete, war das jedoch eine Sensation. Die Presse schwärmte vom „Haus der unbeschränkten Möglichkeiten“, und ganz Luzern fuhr zum Großeinkauf nach Schönbühl, schließlich

Was war los 1967? In Griechenland putschte das Militär, im Iran wurde der Schah gekrönt und in Deutschland startete das Farbfernsehen. In Luzern feierte man derweil die Revolutionierung des Konsums. Zu Besuch bei Zeitzeugen der Schweizer Neuzeit.

wollten auch Herr und Frau Schweizer sich beim Einkaufen nicht länger durch Wind und Wetter kämpfen müssen, sondern in einem vollklimatisierten Gebäude von Geschäft zu Geschäft flanieren.

Die Zukunft von damals nimmt sich aufgrund ihrer bescheidenen Dimensionen heute beinahe niedlich aus. Das Schönbühl ist nicht nur das älteste Einkaufszentrum des Landes, sondern mit nur 20 Ladeneinheiten auch eines der kleinsten. Ein weit hervorragendes Dach beschirmt den Vorplatz, der wie ein Trichter gestaltet ist und die Kunden zum Haupteingang des niedrigen Gebäudes leitet. Drinnen wirken die beiden um einen Lichthof herum angelegten Verkaufsebenen und Korridore mit ihrem übersichtlichen Angebot einladend freundlich und allemal sympathischer als die gigantischen Konsum-Klötze, deren Betreiber mit Konzepten für „urbanes Entertainment" Einkaufen zum Erlebnis hochjazzen wollen. Mit Multiplex-Kinos oder Indoor-Surfanlagen, die in den neuen Einkaufstempeln integriert sind, um Konsumenten so lange wie möglich an einen Ort zu binden, will das Schönbühl-Center gar nicht konkurrieren. Es bleibt schnickschnackfreie Zone, bietet aber alles für den täglichen Bedarf und hat vielleicht genau deshalb die Chance, auch in Zeiten des weiter wachsenden Onlinehandels zu bestehen. Im Café des Zentrums freuen sich nämlich auch die Kritiker von einst darüber, dass Schönbühl kein Allerweltsort, sondern ein beliebter Quartiertreff geworden ist, mit dem Luzern Architekturgeschichte geschrieben hat.

Lage:
Shopping Center Schönbühl,
Langensandstrasse 23, 6005 Luzern

Website: *schoenbuehl-center.ch*

Info

17 Im Second-Hand-Himmel

FLOHMARKT „STRANDGUT" IM NEUBAD

Da tauchen lang verschwundene Dinge im Schwimmbecken auf: Krokodillederhandtaschen, blümchenverzierte Schlaghosen, Cowboystiefel, Schellack-Platten, Theaterplakate und Kristallvasen. Irgendwann galten all diese Sachen als letzter Schrei, sie waren Lifestyle-Zubehör und Mode, die man haben musste. Heute interessieren sich dafür vor allem Vintage-Liebhaber, die in Erinnerungen schwelgen möchten, und Menschen, die nicht viel Geld ausgeben können oder wollen. Jeden ersten und dritten Sonntag im Monat pilgern sie in das ehemalige städtische Hallenbad Biregg. In und um den großen Pool warten auf Tischen, in Kisten und an Kleiderstangen die Schätze von Gestern auf ihre Wiederentdeckung und die Fehlkäufe von Heute auf neue Besitzer. Der ewige Kreislauf des Konsums wird hier gestoppt, wenn die ultramoderne Designer-Tasche morgen nicht auf dem Müll landet, sondern sich im Neubad für eine zweite Karriere bewirbt.

Aus dem alten Hallenbad Biregg wurde das Kulturzentrum Neubad. Seitdem füllen Kreativität, Kultur und Klamotten die einstigen Becken und für Gastronomie und einen Quartier-Garten ist drum herum auch noch Platz.

Zwischen Kacheln und Rettungsringen wird aber nicht nur gestöbert, gefeilscht, an- und ausprobiert. Nachdem die Stadt Luzern eine Zwischennutzung der geschlossenen Anlage genehmigt hatte, zog der Non-Profit-Verein „Netzwerk Neubad" im Jahr 2013 ein und verwandelte das alte Bad mit seiner hübschen blauen Rutschbahn in ein multifunktionales Kreativ-Becken. Bei den einstigen Umkleidekabinen entstanden offene Büros, im Eingangsbereich laden Bar und Bistro ein, und die Schwimmhalle – Herzstück und atmosphärischer Höhepunkt – wurde zum Veranstaltungsraum für Konzerte, Kunstausstellungen, Partys und Slam-Poetry-Abende.

Im alten Schwimmbecken

Mittlerweile ist das Neubad zu einem wichtigen Quartierstreffpunkt geworden, doch wie bei jeder Zwischennutzung sind auch die Tage dieses erfolgreichen Projekts gezählt. Nach der ersten folgten allerdings bereits zwei weitere Laufzeitverlängerungen, und inzwischen reicht die Planung bis in das Jahr 2025. Das Ende wird kommen, doch Schluss ist dann noch lange nicht. An einem Nachfolgestandort soll das Neubad weitergeführt werden. Bis dahin freuen wir uns über das zweite Leben des Hallenbads und über den sonntäglichen Second-Hand-Himmel im 25-Meter-Becken.

Info

Lage: Netzwerk Neubad, Bireggstrasse 36, 6003 Luzern

Website: *neubad.org*

HINWEIS: Jeden Samstag von Mai bis Oktober findet Luzerns größter Flohmarkt im Vögeligärtli und im Garten der reformierten Lukaskirche statt. *stadtluzern.ch/dienstleistungeninformation/10636*

Linkes Reussufer

Metallicblaue Libellen

Linkes Reussufer

18. Eine kugelsichere Story: der Drachenstein im Natur-Museum
19. Wellness am Weiher: Waldbaden im Gütschwald
20. Luzerns B-Seite: das Straßenkehrer-Denkmal

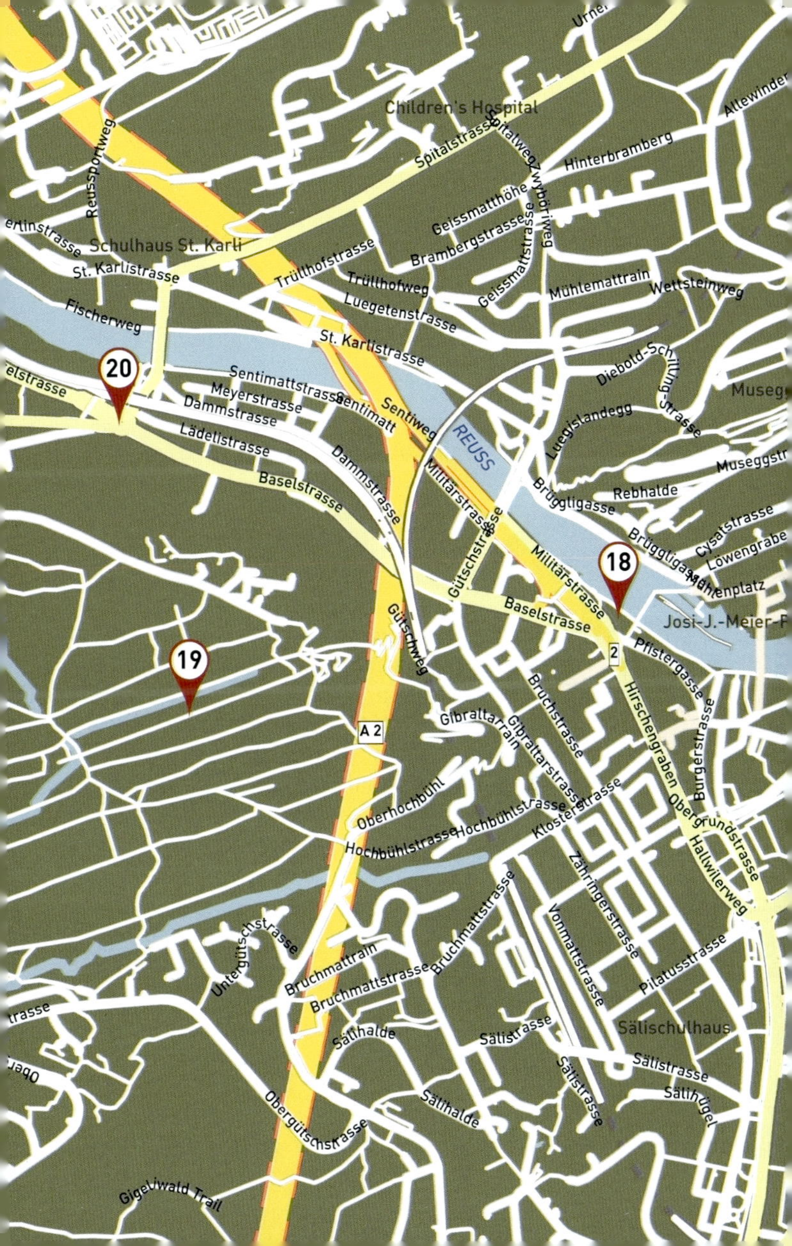

Children's Hospital
Schulhaus St. Karli
Reusssportweg
St. Karlistrasse
Fischerweg
Spitalstrasse
Spitalweg
Hinterbramberg
Allewinden
Geissmatthöhe
Brambergstrasse
Geissmattstrasse
Zyböriweg
Trüllhofstrasse
Trüllhofweg
Luegetenstrasse
Mühlemattrain
Wettsteinweg
Diebold-Schilling-Strasse
Musegg
Sentimattstrasse
Sentimatt
Meyerstrasse
Dammstrasse
Lädelistrasse
Baselstrasse
Sentiweg
REUSS
Luegislandegg
Militärstrasse
Gütschstrasse
Brüggligasse
Rebhalde
Museggstr
Cysatstrasse
Löwengrabe
Mühlenplatz
Josi-J.-Meier-P
Pfistergasse
Gütschweg
Bruchstrasse
Hirschengraben
Burgerstrasse
Gibraltarrain
Gibraltarstrasse
A 2
Oberhochbühl
Hochbühlstrasse
Klosterstrasse
Zähringerstrasse
Obergrundstrasse
Hallwilerweg
Bruchmattstrasse
Vonmattstrasse
Untergütschstrasse
Bruchmattrain
Pilatusstrasse
Sälischulhaus
Sälihalde
Sälistrasse
Sälihügel
Obergütschstrasse
Gigeliwald Trail
Urner
20
19
18
2

18 Eine kugelsichere Story

DER DRACHENSTEIN IM NATUR-MUSEUM

Damit konnte Bauer Stämpfli nun wirklich nicht rechnen. Ohnmächtig ist er gar geworden, als ein feuerspeiender Drache von der Rigi Richtung Pilatus-Gipfel flog und dieses mysteriöse Ding ausgerechnet über seinem Acker fallen ließ. Stämpflis Geschichte trug sich im Jahr 1421 zu und wurde seitdem in Luzern so oft erzählt, dass man fast glauben könnte, selbst dabei gewesen zu sein. Fantasie und Wahrheit geraten noch weiter durcheinander, wenn man den Beweis für den Drachenflug schließlich mit eigenen Augen sieht. Prominent platziert ist er in einer gläsernen Vitrine des Natur-Museums Luzern ausgestellt – der Drachenstein, von Bauer Stämpfli persönlich aus dem Heu gefischt.

Was ist gut 250 Gramm schwer, ein wenig kleiner als ein Tennisball und diente den Luzernern fast 200 Jahre lang als Heilmittel gegen alle erdenklichen Krankheiten? Die Antwort darauf gibt das wohl kurioseste Ausstellungsstück im Luzerner Natur-Museum.

Beim Anblick der graubraunen, mit bogenförmigen Linien verzierten Kugel stellt sich die Frage, ob ihre leicht glänzende Oberfläche eine Glasur ist oder aus einem Film aus Fett und Schweiß besteht. Gegen fieberrote Köpfe wurde der Drachenstein nämlich gedrückt, über schmerzende Bäuche gerieben und auf eitrige Geschwüre gelegt. 200 Jahre dauerte die Karriere der Kugel als medizinisches Therapeutikum an, nachdem der Luzerner Wundarzt Martin Schriber einem Nachfahren von Bauern Stämpfli den Drachenstein abgekauft hatte. Dessen Heilkraft wurde sogar durch den Rat der Stadt Luzern urkundlich beglaubigt. Dass die Quacksalber-Kugel bloß das Werk eines Töpfers sein könnte, auf dem eindeutig Pinselstriche zu erkennen sind, war den mittelalterlichen Menschen herzlich egal, solange sie nur glauben konnten, er hülfe gegen Pest, Ruhr und Blutfluss.

Der Drachenstein

Zur Ehrenrettung von Bauer Stämpfli deuteten Akademiker des 19. Jahrhunderts den Drachenflug als Meteoritenfall und glaubten, Überreste des Himmelskörpers wären im Inneren der Kugel verborgen. Eine computertomografische Untersuchung im Jahr 2006 bewies das Gegenteil – nichts als gebrannter und glasierter Ton. Entzaubert wurde Stämpflis Story damit jedoch nicht. Wissenschaft kann heute fast alles analysieren und berechnen, aber wie aus gewöhnlicher Keramik Kult werden kann, das können nur gute Geschichten erklären. Die treffen immer zielgenau – mitten hinein in unsere Fantasie.

Info

Lage:
Natur-Museum Luzern, Kasernenplatz 6, 6003 Luzern

Website: *naturmuseum.ch*

19 Wellness am Weiher

WALDBADEN IM GÜTSCHWALD

Natur tut gut. Das ist für die mit Bergen, Seen und Wäldern reich gesegneten Schweizer wahrlich nichts Neues. Inzwischen hat aber auch die Wissenschaft festgestellt, dass der Geruch von feuchtem Moos, das Rascheln des Windes in den Baumkronen und das weiche Polster des Laubs unter den Füssen die Entspannung fördern und bei der Stressbewältigung helfen. Grün macht eben glücklich.

Sanft schlüpft die Morgensonne durch das Blätterdach dicht beieinanderstehender Bäume und tupft maigrüne Lichtpunkte wie Wegweiser auf den Waldboden. Es zwitschert im Geäst. Von hoch oben hallt das Hämmern eines Spechts und ein Eichhörnchen flitzt von Baum zu Baum. Kurz lugt sein kleiner Kopf hinter einem Stamm hervor, als wolle es schauen, wo die Spaziergänger denn bleiben. Doch im Reich der Bäume, Büsche und Farne drosseln nicht nur die Gedanken ihre Geschwindigkeit, auch die Füße lassen sich Zeit. Wozu auch Hast? Die würzige Waldluft ist ein Geschenk für die Lungen und die Laune wird mit jedem Meter heiterer. Den Blutdruck senken sollen solche Spaziergänge, das Immunsystem stärken und Nervosität abbauen. Um diese heilkräftige Wirkung des Waldes zu nutzen, stellen Hausärzte in Japan ihren erschöpften Patienten sogar Rezepte aus. Das Therapiekonzept ist dort seit den 1980er-Jahren bekannt unter dem Namen Shinrin Yoku, was so viel bedeutet wie „Abtauchen in der Atmosphäre des Waldes“.

Waldspaziergang

Luzerner nutzen die grüne Medizin aber schon seit Generationen, haben sie doch den Gütschwald direkt vor der Haustür. Ein Ort, der allen Zuflucht gewährt, denen die Welt wieder einmal zu nahe tritt, die genug haben von grauen Bürofluren, bunten Schaufenstern und gehetzten Passanten. Das Gütschbähnli, genau genommen ist es ein Schräglift, bringt sie von der Talstation an der Baselstrasse per Knopfdruck auf den rund 520 Meter hoch gelegenen Ausgangspunkt für meditative Wanderungen. 100 Sekunden dauert die Fahrt von der lärmigen Stadt in die Stille des Waldes. 1960 hatte ein Gewittersturm fast die Hälfte der Bäume hier

Totholz ist Lebensraum für Insekten.

oben gefällt. Vor allem Fichten und Buchen wurden neu gepflanzt, es gibt aber auch Ahorn, Weißtannen, Eschen und Edelkastanien zu entdecken. Moos zieht ihnen auf der Wetterseite einen Regenmantel an. Einigen legt sich die rissige Rinde wie Furchen über ein greises Gesicht, in dem auch der Fantasieloseste wulstige Nasen und Pausbacken oder kantige Stirn und vorstehende Augen erkennen kann. Sich an einen der Stämme anlehnen, den Blick himmelwärts auf das Astwerk richten, ein wenig tagträumen oder Erich Kästners Rat für den Umgang mit Bäumen befolgen. Wer mag, empfahl er, „kann mit ihnen wie mit Brüdern reden und tauscht bei ihnen seine Seele um." Das klingt ein bisschen nach esoterischem Baum-Umarmer, hilft aber enorm dabei, mehr in Wäldern zu sehen als reine Rohstofflieferanten, Klima-Verbesserer und Schattenspender.

Am Weiher

Als grünes Antidepressivum lässt auch der Gütschwald den Stresspegel sinken, die Stimmung steigen und beglückt die Baumbesucher auch noch mit einem kleinen Weiher – ein strahlender Spiegel für Himmel und Bäume. Licht und Schatten spielen auf seiner Oberfläche Fangen. Kaulquappen schwärmen in Ufernähe umher und auf einem bemoosten Baumstrunk, der aus dem Wasser ragt, hat sich eine Libelle niedergelassen. Sie öffnet ihre metallisch schimmernden blaugrünen Flügel in gleichmäßigem Rhythmus. Für eine ganze Weile sind ihre Bewunderer in Gedanken ganz bei diesem zarten Wesen und genau darin liegt das ganze Geheimnis der waldigen Gesundheitsvorsorge: Die Natur lenkt auf die allerangenehmste Weise von allen Alltagskümmernissen ab, sodass selbst reizüberflutete Multitasker und Handy-Junkies zur Ruhe kommen können.

Die Anmut der Libelle

Info

Lage: Gütschwald, 6003 Luzern

HINWEIS:

- Von der Haltestelle Gütsch (Baselstrasse 21A) geht es mit der Gütschbahn hoch zur Station Château Gütsch; *standseilbahnen.ch/luzern-guetsch.html.* Hier beginnen die Wege durch den Wald.
- Auf einer Anhöhe über dem Wald kann man im Restaurant Schwyzerhüsli bei traditionellen Gerichten und toller Aussicht eine Wanderpause einlegen. *schwyzerhuesli.net*

20 Luzerns B-Seite

DAS STRASSENKEHRER-DENKMAL

Vermutlich ist das hier die hässlichste Straße im feinen Luzern. Unter den Sohlen kleben Kaugummis, Benzingeruch durchdringt die abgasblaue Luft und eine akustisch gepflegte Umgebung klingt ganz sicher auch anders. Mehr als 20.000 Autos donnern täglich durch die Baselstrasse, die im Volksmund auch gern „Rue de Blamage" genannt wird. Ein Aushängeschild ist sie gewiss nicht, eher eines Trostlosigkeitspokals würdig. Auf dem Boden der Tatsachen liegt eben immer zu wenig Glitzer, aber wie so oft ist in solchen Bruchstellen urbanen Lebens die Welt zu Hause. Im Mittelalter verbannte man Leprakranke, Bettler und Verbrecher aus dem Stadtzentrum und schob sie in das Gebiet um die Baselstrasse ab. Heute leben hier Menschen aus 70 Nationen: türkische Barbiere, tamilische Gemüsehändler, mexikanische Köche, afrikanische Haarstylisten, syrische Flüchtlinge und Schweizer Straßenmusikanten – und mitten unter ihnen: Heinz.

Irgendwann hat man sich an den Sehenswürdigkeiten der vornehmen Stadt am Vierwaldstättersee gründlich satt gesehen. Und dann? Geheime Orte gibt es längst nicht mehr zu entdecken, wohl aber viele übersehene und vernachlässigte Ecken. Wer nach ihnen sucht, wird überrascht und mit einem völlig neuen Blick auf Luzern belohnt. Versprochen!

Unübersehbar zwar, aber dennoch unerkannt. Dreieinhalb Meter groß, drei Tonnen schwer harrt Heinz ausgerechnet an der lärmigsten und hektischsten Stelle aus, an der die langgezogene Ausfallstraße auf den Kreisel trifft, der Kreuzstutz genannt wird. Mitten auf der Verkehrsinsel wacht die überlebensgroße Betonstatue des ehemaligen Straßenkehrers Heinz Gilli über den Strom vorbeifließender Autos. Kaum ein Luzerner, der noch nicht an ihm vorbeigefahren ist. Bis zu seiner Pensionierung im Jahr 2008 hat Heinz für die Sauberkeit im Quartier gesorgt, schon frühmorgens Schaufel und Besen geschwungen und in Winternächten die Bürgersteige vom Schnee befreit, Tag für Tag.

Straßenkehrer-Statue

2016 ist er als mächtige Betonfigur in sein altes Revier zurückgekehrt. Es ist ein Werk des Künstlers Christoph Fischer, der in Heinz nicht allein das fleißige Stadtoriginal sah, sondern einen Stellvertreter für alle Arbeiter und einfachen Leute im Kreuzstutz-Viertel.

Üblicherweise werden Denkmäler ja vom Volk zu Ehren der Herrscher und nicht von den Herrschern zu Ehren des Volkes errichtet. Wenn in einer der luxuriösesten Städte der Schweiz, die für ihr idyllisches Berg- und Seepanorama gleichermaßen berühmt wie für ihre unzähligen Souvenir- und Uhrengeschäfte berüchtigt ist, endlich auch einmal dem kleinen Mann ein Monument gesetzt wurde, ist das nicht allein eine Hommage an den inzwischen verstorbenen Heinz Gilli, sondern ein herzerwärmendes Symbol von Respekt und Menschlichkeit, das Luzern besonders liebenswert macht.

Lage:
Kreuzstutz, Baselstrasse 84,
6003 Luzern

Info

Rechtes Reussufer

Gugger-Mäss in der Hofkirche

Rechtes Reussufer

Emmen-Dorf
A 14
OBERWASSERKANAL
Rathausenstrasse
26
Seetalstrasse
Reussmattweg
A 2
Schwanderhofstrasse
REUSS
Rotseeweg
ROTSEE
Dammweg
Kaspar Koppstrasse
Luzernerstrasse
Obfalken
Pilatusweg
Schachenstrasse
21
363
Rotseehöhe
Maihofhalde
Mozartstrasse
Maihofstrasse
Hünenbergstrasse
Libellenstrasse
Rankhofstrasse
Mettenwylstrasse
Ruflisbergstrasse
24
Schwesternweg
Riedstrasse
Landschaustrasse
Friedentalstrasse
Kapuzinerweg
Abendweg
Dreilindenstrasse
Reussportweg
Spitalstrasse
Hinterbramberg
Bergstrasse
23
26
25
Hitzlisbergstrasse
Klinik St. An
Luegetenstrasse
22
Fischerweg
4
Halldenstrasse
Nationalquai
Dammstrasse
Sentiweg
St. Karliquai
2
Militärstrasse
Gibraltarstrasse
REUSS
Luzern
Inseliquai
Bruchstrasse
Pilatusstrasse
Vonmattstrasse
Murbacherstrasse
Habsburgerstrasse
Alpenquai
Bürgenstrasse
Sälihalde
Steinhofstrasse
Bergtitstrasse
Gigeliwald Trail
Gigeliweg
Bundesstrasse
Obergrundstrasse
Tribschenstrasse
Kellerstrasse
Fruttstrasse
Biregggstrasse
Sonnenbergstrasse
Eschenstrasse
Geissensteinring
Gebeneggweg
Richard-Wagner-W

21 Die wollen nur spielen

MUSIKZENTRUM SEDEL

Revolution statt Mainstream lautete das Motto, mit dem sich Luzerns Punker vor vier Jahrzehnten ihren Freiraum für Musik und Jugendkultur erkämpften – den Sedel. Die Rebellen von einst gehen bald in Rente, ihr lautstarkes Erbe wird garantiert bleiben.

Szenetreff Sedel

Die Anarchie haust auf einem Hügel am Stadtrand von Luzern. Ausgerechnet in einer ehemaligen Strafanstalt hat sie sich breit gemacht. Der massive Gebäudekomplex war zuerst Kloster und dann Knast, bis 1981 die Subkultur mit Sack und Pack einzog und das Musikzentrum Sedel entstand. Klingt unkompliziert, ging aber nicht ohne Kampfansage über die Bühne. Eigentlich hätte nämlich die Schweizerische Volksbibliothek hier ihren Platz finden sollen. Die organisierte Punkszene Luzerns verlangte jedoch mit wachsender Vehemenz und unverhohlenen Drohungen nach Proberäumen. Geschockt durch die Jugendkrawalle, die in anderen Schweizer Städten bereits aufgeflammt waren, zeigte sich die Luzerner Stadtregierung nachgiebig und erteilte die Lizenz zum Ausflippen im Sedel. Statt gewalttätiger Demonstrationen gab es ein friedliches Dankeschön-Konzert.

Alter Rebell

Echte Originale

Das ist mittlerweile 40 Jahre her. Trotz der krass bunten Graffitiwände ist die Strenge des Ortes immer noch zu erkennen, der lange Zeit von Bibel und Gesetzesbuch geprägt worden war. Heute öffnen sich die Zellentüren zu Tonstudios, Ateliers und Proberäumen für über 100 lokale Musiker und DJs. Die Bandbreite der Genres reicht von Punk und Jazz über Hip Hop, Reggae und Metal bis zu elektronischer Musik und experimentellem Rock. Musik, die nach Schweiß, Schmutz und Alkoholexzessen klingt, nach Wut und Liebe; die einem aufs Trommelfell prasselt und in andauernden Aufruhr versetzt, die laut ist, lustvoll und chaotisch und die den Sedel zu einem akustischen Antispießer-Projekt macht.

Herzblutmusiker

Wenn in der einstigen Gefängniskantine Konzerte stattfinden und Bands wie Hellvis, Möped Lads oder Besalisk mit musikalischen Flammenwerfern die Menge euphorisieren bis es heiß und stickig im Raum wird, T-Shirts an den Körpern und Bier am Boden klebt, dann tanzt immer auch die fröhliche Gewissheit mit, dass manche Ideen die Zeit überdauern. So wie die Idee von Musik, die sich nicht vom Kommerz vereinnahmen lässt und Galaxien entfernt bleibt vom Mainstream für die Massen. Zum chartkompatiblen Plastik-Gedudel verhält sich der schnickschnackfreie Sedel-Sound wie Wildschweinborsten zum Polyesterpulli. Hier ist eben alles so lebensecht wie die Bierbäuche der Punk-Opas oder die Pubertätspickel der Nachwuchs-Anarchisten im Publikum und die Vorstellung von Kreativität und Freiheit erschöpft sich auch nicht darin, bloß aufsässig zu sein oder Frisuren jenseits der mütterlichen Vorstellungen zu tragen. Der Bruch mit öden Konventionen muss hier nicht krampfhaft inszeniert werden, denn im Sedel entsteht Musik aus jener lichterlohen Begeisterung heraus, die diesen Ort zu einem absoluten Glücksfall für die Vielfalt des Luzerner Lebens werden ließ.

Der Punk lebt!

Info

Lage: ILM Sedel, Sedelhof 2,
6020 Emmenbrücke

Website: *sedel.ch*

HINWEIS: Das Sedel bietet an jeder Veranstaltung einen Shuttleservice an. Dieser bedient den Löwen-, Bundes- und den Kasernenplatz. Die Abfahrtzeiten finden sich auf der Webseite.

22 Tierisch pünktlich

MUSEGGMAUER

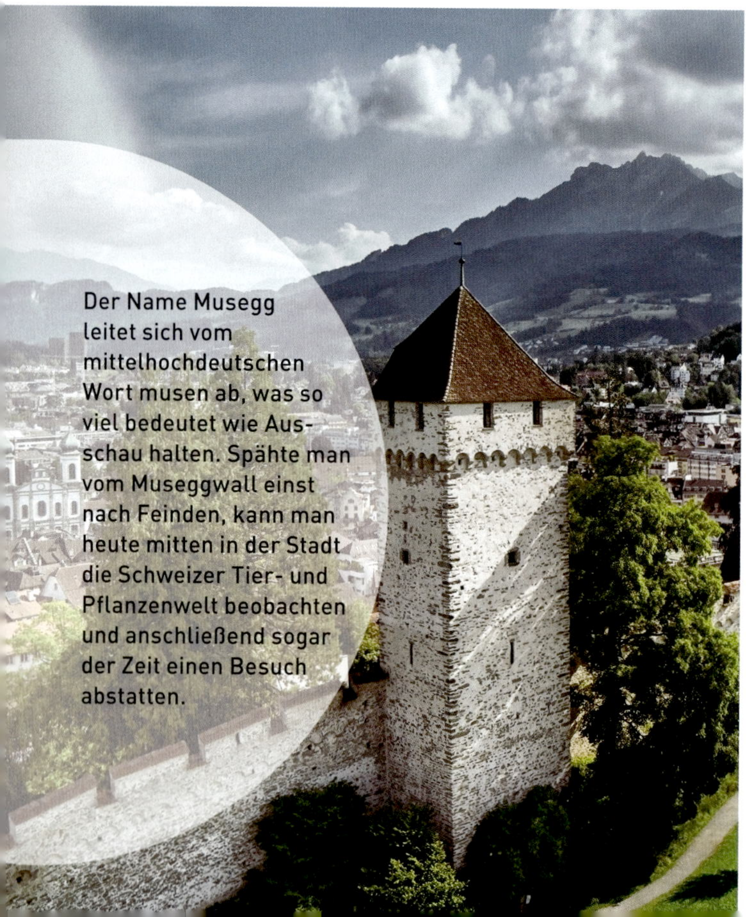

Der Name Musegg leitet sich vom mittelhochdeutschen Wort musen ab, was so viel bedeutet wie Ausschau halten. Spähte man vom Museggwall einst nach Feinden, kann man heute mitten in der Stadt die Schweizer Tier- und Pflanzenwelt beobachten und anschließend sogar der Zeit einen Besuch abstatten.

„Zu vermieten: 870 Meter langer Altbau in bester Lage mit Aussicht auf Stadt, See und Berge. Kinderreiche Familien bevorzugt." Der Andrang ist enorm. Die ersten Mieter ziehen im Frühjahr ein und fechten unter lautem Zetern und wildem Umherflattern kleine Machtkämpfe um die besten Wohnungen aus. Nach den Turmdohlen richten sich auch Alpen- und Mauersegler in den vielen Nischen und Höhlen der Museggmauer ein. Neben vielen Vogelarten nutzen auch Fledermäuse, Spinnen, Schnecken, Wild- und Honigbienen die zahlreichen Unterschlupfmöglichkeiten. Moose, Flechten und Kleinfarne lassen der Wand ein grünes Fell wachsen und Mauereidechsen finden perfekte Plätze für ihr Sonnenbad.

An der Museggmauer

Als Freizeitstätte für Liebhaber von Wehrgängen und Türmen ist Luzerns mittelalterliche Stadtbefestigung bekannt, nicht jedoch als tierisch begehrter Wall zum Wohnen. Dabei sorgen einige Untermieter von Mitte April bis Anfang Juli mit spektakulären Sturzflügen für erhebliches Aufsehen – die Gänsesäger. Gelockt von den Rufen ihrer Mütter hüpfen die Jungen dieses hübschen Entenvogels schon kurz nach dem Schlüpfen aus ihren bis zu 20 Meter hoch gelegenen Nisthöhlen. Die purzelnden Federknäuel nutzen ihre Mini-Flügel als Fallschirme und watscheln

Familie Gänsesäger

Der Zytturm

Turmuhrausstellung

nach erfolgreicher Landung unter mütterlicher Aufsicht mitten durch die Altstadt zur Reuss hinunter, oft von Bodyguards der Ornithologischen Gesellschaft der Stadt Luzern begleitet.

Einige bei Gänsesägern besonders beliebte Brutnischen liegen hoch oben am Zytturm der Museggmauer. Menschen besuchen diese Zweigstelle der Zeit auch außerhalb der Brut- und Flugzeiten gern, um dort einen Anker der Ruhe werfen. Drinnen tickt, knackt und knarzt es. Ratternd setzen sich Zahnräder in Gang, Pendel schwingen und Glocken erschallen. Verteilt auf sechs Stockwerke sind mechanische Turmuhren aus Eisen ausgestellt, die der ehemalige Luzerner Stadtuhrmacher Jörg Spöring gesammelt hatte. Lauter museale Schönheiten, erbaut zwischen dem 16. und 20. Jahrhundert. Als Zeitzeugen im wahrsten Wortsinn erzählen sie die Geschichte der Uhrmacherkunst. Waren es zu Beginn noch geschickte Schlosser, die eiserne Chronometer konstruierten, spezialisierten sich später Uhrenmanufakturen darauf, bis im 19. Jahrhundert schließlich die Blütezeit der industriellen Produktion begann.

Neben der denkmalgeschützten Zytturmuhr, die als ältester Zeitmesser der Stadt bis heute das Privileg genießt, eine Minute früher als allen anderen öffentlichen Uhren die volle Stunde zu verkünden, sind noch einige weitere Exponate in Betrieb, andere stehen still. Was geschieht mit der Zeit, wenn sie nicht mehr gemessen wird? Sie weckt philosophische Gedanken und sie wartet – darauf, dass wir aufhören, zu glauben, sie ließe sich sparen für ein fernes Später. Zeit kann vergehen und vergeudet werden, nur fehlen kann sie niemals, wir müssen sie uns einfach nur nehmen – für eine Safari zum Gänsesäger oder für einen Sommerabend an der Museggmauer, wenn Scharen von Mauerseglern im feurigen Rot der untergehenden Sonne über Zinnen und Türme hinwegschwirren und uns die Zeit für eine Weile völlig vergessen lassen.

Historisches Ziffernblatt

Info

Lage: Museggmauer Weg, 6004 Luzern

Website: *museggmauer.ch*

HINWEIS: Vom 1. April bis 31. Oktober sind die Museggmauer, Männliturm, Zytturm, Wachtturm und Schirmerturm frei zugänglich. In der gleichen Zeit können auch die Uhrwerke im Zytturm kostenlos besichtigt werden. *turmuhrenluzern.ch*

23 Wie geronnen, so gewonnen

CHÄS BARMETTLER

Über 450 verschiedene Käsesorten werden in der Schweiz hergestellt. Beneidenswert! Wer dann auch noch den Händler seines Vertrauens gefunden hat, wird Käse nie mehr für einen beliebigen Brotbegleiter halten. Im aromatischen Reich der Familie Barmettler sind alle seit über 50 Jahren mit Laib und Seele dabei.

Der Weg ins Schlaraffenland ist in Luzern ganz leicht: immer nur der Nase nach! Die liest zuverlässig in der Speisekarte der Stadt und führt einen eher früher als später zum Chäs Barmettler. Vor dem alteingesessenen Käsegeschäft werden nämlich Chäschüechli gebacken, die einen fein würzigen Duft in die Hertensteinstrasse verströmen. Luzerner wissen die Käseküchlein seit mehr als 40 Jahren zu schätzen. „Meine Eltern haben sie schon 1976 gemacht, in genau demselben Ofen, den ich bis heute verwende", erzählt Thomas Barmettler, der das Geschäft in zweiter Generation führt. Dass seine Chäschüechli sogar in einem Artikel der New York Times zum kulinarischen Kult erklärt wurden, schmeichelt dem gelernten Käser natürlich, doch statt über Lob aus Amerika spricht er lieber über Sorten, Konsistenz, Reife und richtige Lagerung.

Thomas Barmettler

Duftige Delikatesse

Die Käsekollektion

Früher dachte ich, Käse sei doch bloß geronnene Milch, die man nur lange genug stehen lassen müsse. Stadtkind eben, aber eines, das zum Glück auf einer Ziegenfarm lernen durfte, wie man melkt und die Milch verkäst. Seitdem habe ich großen Respekt vor Landwirten und schaue auch anders auf die in Plastik verpackten Industrieprodukte in den Käseregalen unserer Supermärkte. Heute möchte ich selbst wissen, ob die cremigen Frischkäse und die pikanten Weichkäsekugeln aus Rohmilch sind oder ob veganes Lab zum Eindicken der Milch verwandt wurde. Thomas Barmettler, der das Käsen von der Pike auf gelernt und zehn Jahre als Käser gearbeitet hat, bevor er Anfang der 1990er-Jahre das Geschäft der Eltern übernahm, kann auf jede meiner Fragen ein Impulsreferat halten. Er erklärt allerdings mit so viel ansteckender Leidenschaft, dass man begeistert beschließt, sich durch sein gesamtes Angebot zu probieren, um zu wissen, worüber der Experte da eigentlich fachsimpelt. Ein Langzeitprojekt, denn im Chäs Barmettler können rund 100 Käsesorten gekostet und gekauft werden, von A wie Appenzeller bis Z wie Ziegenbrie – ein himmlischer Querschnitt durch köstliche Käsedelikatessen. Hart gereifte Brocken, nach Walnuss schmeckende Schnittkäse, pikante Weichkäsekugeln, Käse in Schimmelroben oder im feinen Ascheanzug, Raclette- und Fondue-Käse in allen Variationen. Wie ein Sommelier über Wein so kann auch Thomas Barmettler zu jeder Sorte eine Geschichte erzählen und weiß, welche traditionellen Käsesorten auch heute noch in kleinen Dorfkäsereien produziert werden. Selbst schwärmt er besonders für den L'Etivaz, ein Hartkäse, der in den Waadtländer Alpen nach alter Väter Sitte über dem offenen Feuer und gemäß traditionellem Rezept aus Rohmilch hergestellt wird. Würzig-fruchtig und leicht nussig im Geschmack zeigt der elfenbeinfarbene L'Etivaz, welche köstliche Kraft in Kuhmilch steckt, vorausgesetzt man lässt sie lang genug reifen. Eines ist nach der ersten Proberunde klar: Wer Luzern sagt, muss auch Bündner Bergkäse, Emmentaler, Greyerzer, Sbrinz, Tilsiter und Vacherin Mont-d'Or sagen. Riechen und reinbeißen!

Der Fachmann

Lage:
Chäs Barmettler, Hertensteinstrasse 2, 6004 Luzern

Website: *chäs-barmettler.ch*

Info

24 Feudal flanieren

DREILINDENPARK

Einer der schönsten Orte, um sich ein durch und durch entspannendes Vergnügen zu gönnen, ist Luzerns größter öffentlicher Park. Hier heißt es, den Picknickkorb packen, sich den Frisbee oder ein gutes Buch schnappen und allen Alltagsanstrengungen resolut entsagen.

Eine Farm in Afrika? Nein, die besaß sie nie, dafür aber ein Schlösschen hoch über dem Vierwaldstättersee. Der Name der Glücklichen: Eleonora Cenci Bolognetti, Principessa di Vicovaro. Das klingt nach anno dazumal, nach Hofdamen in edlen Rüschenroben und vierspännigen Kutschen. Tatsächlich hat Eleonora ein Erste-Klasse-Dasein geführt. In New York als Kind einer neureichen Industriellenfamilie geboren heiratete sie mit 19 Jahren einen italienischen Fürsten. Wenn Geld und Adelstitel die Messlatte an die Fortsetzung der eigenen Biografie so hoch legen, fragt man sich vermutlich zwangsläufig, ob ein Leben ohne Schloss in der Schweiz überhaupt einen Sinn macht. Natürlich nicht, fand Eleonora und erwarb im Jahr 1890 auf einem Hügel nordöstlich des Luzerner Zentrums die Liegenschaft Dreilinden. Eine gute Entscheidung. So können heutige Besucher der Stadt ein wenig am einstigen Luxus teilhaben, denn der Dreilindenpark, umgangssprachlich auch Konsipark genannt, ist inzwischen zum größten öffentlichen Garten Luzerns geworden.

Aussichtsreich

Traumschlösschen

Skulpturenpark

Die ganze Anlage samt schlossartiger Villa, Wirtschaftsgebäude, Pförtnerhaus und einigen Marmorskulpturen entstand nach Plänen des britischen Architekten Edward Hewetson und beim Gedanken an die Beton-Tragödien in unseren Städten wünscht man sich, dass Eleonoras ästhetische Ansprüche nicht überall als veraltet gelten würden. Etwas Märchenhaftes geht von der Villa Vicovaro aus. In der hatte das Musikkonservatorium der Hochschule Luzern bis zum Jahr 2020 seinen Sitz. Oft schwebten die Geigen- und Harfenmelodien der probenden Studenten durch den Park und begleiteten die Flötenkonzerte der Vögel. Mit dem Auszug des Instituts werden die klassischen Klänge verstummen. Dreilinden aber wird ein Ort der Kultur bleiben und Eleonoras Villa zum Ausstellungsraum für eine renommierte Kunstsammlung werden. Bis es so weit ist, spazieren Besucher durch den 35.000 Quadratmeter großen Landschaftsgarten, genießen die Sicht auf Berge und Seebecken und stoßen beim Picknick unter alten Bäumen auf die Principessa und deren ausnehmend guten Geschmack an.

Elegantes Anwesen

Lage: Dreilindenpark, Dreilindenstrasse, 6006 Luzern

Website:
luzern.com/de/highlights/die-stadt/paerke-und-gaerten/dreilindenpark-konsipark

Info

25 Gott aus dem Häuschen

FASNACHT IN DER HOFKIRCHE ST. LEODEGAR

Konfetti auf der Kirchenbank, Höllenlärm statt Besinnlichkeit und eine Predigt in Reimform – Narrengottesdienste haben in St. Leodegar Tradition und sind eine außerordentlich gelungene Art, den Winter ausgelassen, aber würdig auszutreiben.

„Da bin ich!", sagt der Lärm – unüberhörbar. Was also machen Menschen logischerweise, wenn sie „Da sind wir!" sagen wollen? Lärm! Mehr müsse man nicht wissen, um das Prinzip der Fasnacht zu verstehen, behaupten Pappnasen-Boykotteure. Dabei ist Lärm doch das Polster, das die Last des Lebens abfedert und leichter macht. Das wissen sogar Schweizer Banker, die ihre nadelgestreifte Zivilisiertheit bis zum Aschermittwoch vergessen und als Schneewittchen verkleidet von Fasnachtsbeiz zu Fasnachtsbeiz durch Luzerns Gassen torkeln und dabei grölen, als hätten sie den Tarzanschrei soeben ins Schweizerdeutsche übersetzt. Zusammen mit tausend anderen Kostümierten sind sie am Schmutzigen Donnerstag schon in aller Frühe unterwegs, um den Urknall nicht zu verpassen. Die ohrenbetäubenden

Straßen-Fasnacht

Gugger-Mäss

Volltönig

Schlagzeug statt Orgel

Detonationen über dem Luzerner Seebecken geben Punkt 5 Uhr das Startsignal, mit dem das Treiben in Luzerns Straßen beginnt. Auf den Plätzen regnet es kiloweise Konfetti herab, die Gassen kochen, sprühen Funken, dröhnen und explodieren. Während der Fasnacht verwandelt sich die gesamte Altstadt in ein einziges Festgelände, da ist es nicht schwer, unter den vielen Hotspots seinen persönlichen Lieblingsort zu finden. Zur Fasnachtsbar in die Buobenmatt-Markthalle, zur großen Party im Hotel Schweizerhof oder doch lieber ins Café La Suisse, besser bekannt als Doorzögli, eine der letzten echten Fasnachtskneipen?

Am Sonntag ist der Place-to-be auf jeden Fall die Hofkirche St. Leodegar, wo eine Gugger-Mäss gefeiert wird, eine wunderbare Fasnachtstradition. Bei der trifft die Kirchenorgel auf die schön-schräge Musik der Guggen, wie die Cliquen aus Trommlern und Blechbläsern genannt werden.

Mit Absicht so musizieren, dass es wie unabsichtlich falsch gespielt klingt, immer knapp neben der Melodie, aber noch erkennbar – das ist die Kunst der Guggen. Auf knallvollen Kirchenbänken wird dazu geklatscht und im Takt gewippt und der gesangsfreudige Pfarrer bringt seine Gesellschaftskritik auch schon mal mit einem Ständchen unter die Gemeinde. Die Fasnacht schafft zwar keine Niedertracht und keine Krisen aus der Welt, aber sie mildert die Verzweiflung darüber und das gibt dem ganzen Unsinn einen wohltuenden Sinn.

Gruselige Masken

Info

Lage: St. Leodegar im Hof,
St. Leodegarstrasse 6, 6006 Luzern

Website: *hofkirche.ch*

HINWEIS: Kein Kostüm dabei? Im Fasnachts-Bazar findet man die passende Verkleidung. *fasnachts-bazar.ch*

26 Die Brötchen-Retter

ÄSS-BAR LUZERN

Weil das Brot von heute morgen zwar von gestern, deshalb aber noch lange nicht altbacken sein wird, kann man es in der Luzerner Äss-Bar zum halben Preis kaufen. Deren Betreiber retten alles, was bei lokalen Bäckereien am Vortag nicht über den Verkaufstresen ging vor dem Abfallcontainer. Gipfeli, Apfeltaschen, Käsewähen, Zöpfe, Torten, Brote und Sandwiches. Das Sortiment ist groß, die Qualität garantiert einwandfrei. „Frisch von gestern" darf deshalb auch das Geschäftsmotto lauten, das auf einem blau-braunen Schild neben der gut gefüllten Theke hängt.

Mach es wie die Einheimischen, ist ein altbekanntes Motto, das Reisende davor bewahrt, sich zu blamieren und ihnen dabei hilft, gutes Essen zu finden, das nicht überteuert ist. In Luzern leistet man auf diese Weise sogar einen Beitrag gegen die Lebensmittelverschwendung.

In der Schweiz landen jährlich über zwei Millionen Tonnen Lebensmittel auf dem Müll statt im Magen, obwohl der größte Teil davon noch genießbar wäre. Pro Person sind das etwa 750 Mahlzeiten, das Mittagessen für ganze zwei Jahre. Der Ärger darüber wächst weiter, wenn man bedenkt, dass für die Nahrungsmittelproduktion begrenzte Ressourcen wie Boden, Energie und Wasser benötigt werden und rund ein Viertel der Umweltbelastungen allein auf unseren verschwenderischen Ernährungsstil zurückgeht. Mit der Gründung der

Große Auswahl

ersten Äss-Bar in Zürich im Jahr 2013 wurde der gigantischen Essensvergeudung der Kampf angesagt und das mit enormem Erfolg. Mittlerweile gibt es Filialen in sieben Schweizer Städten, weitere sollen folgen. Auch die 2018 eröffnete Äss-Bar Luzern konnte im Handumdrehen eine große Stammkundschaft gewinnen. Studenten, Mütter, Senioren, Bauarbeiter, Banker und Touristen – alle Käuferschichten sind vertreten. Was die Äss-Bar für so viele so attraktiv macht, sind nicht bloß die unschlagbar günstigen Preise. Es ist die besondere Art, Kunden einen Weg aus der Wegwerfmentalität zu zeigen, ganz ohne erhobenen Zeigefinger und Appelle an die Moral. Kein schlechtes Gewissen treibt einen also in die Äss-Bar, sondern der bloße Appetit und die Freude daran, ganz nebenbei noch etwas Sinnvolles getan zu haben.

Die Backwaren, die auch in der Äss-Bar nicht verkauft werden, können die Mitarbeiter mit nach Hause nehmen oder werden karitativen Organisationen gespendet. Das Wenige, was dennoch übrig bleibt, wird zu Biogas verarbeitet. Letztlich gibt es also nur Gewinner – begeisterte Kunden, zufriedene Partner-Bäcker, die sich die Entsorgungskosten für ihre Produkte sparen, und unsere Umwelt, die durch weniger Nahrungsverschwendung weniger belastet wird. Kein Wunder also, dass die Stimmung in der Luzerner Äss-Bar immer so auffallend fröhlich ist. Manchmal kann Idealismus richtig ansteckend sein.

Lage: Äss-Bar Luzern,
St. Leodegarstrasse 2, 6006 Luzern

Website: *aess-bar.ch*

Info

Rechte Seeseite
Seeleben

Rechte Seeseite

27. Geht doch! Luzerner Uferpromenade
28. Ha-zwei-Oohhh! Seebad Luzern
29. Schweizer im Weltall: Verkehrshaus
30. Luzerner Logenplatz: Aussichtsbank auf dem Dietschiberg

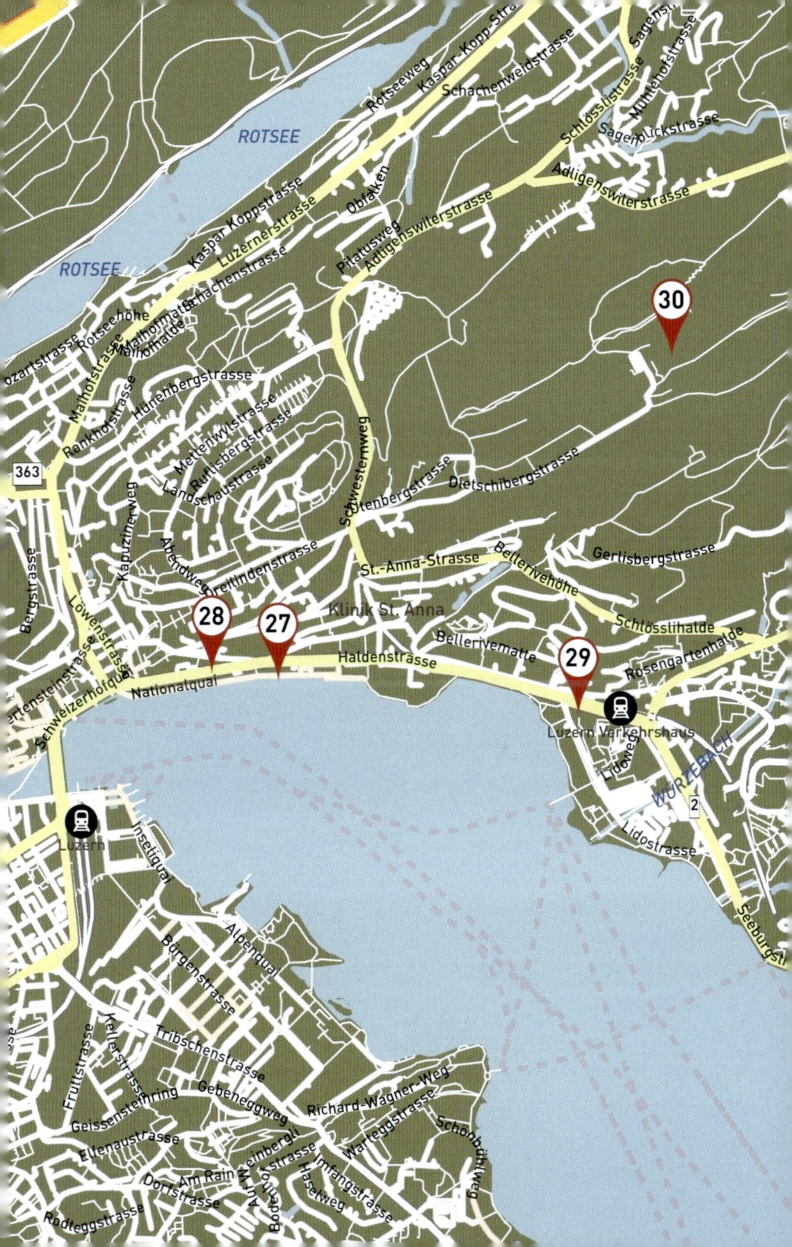

ROTSEE
ROTSEE
Rotseeweg
Kaspar-Kopp-Strasse
Schachenweidstrasse
Schlösslistrasse
Mühlehofstrasse
Sagenblickstrasse
Adligenswilerstrasse
Obfalken
Pilatusweg
Adligenswilerstrasse
Kaspar Koppstrasse
Luzernerstrasse
Schachenstrasse
Rotseehöhe
Maihofmatte
Maihofhalde
Maihofstrasse
Rankhofstrasse
Hünenbergstrasse
Mettenwylstrasse
Rufisbergstrasse
Landschaustrasse
Schwesternweg
Dietschibergstrasse
Kapuzinerweg
Abendweg
Dreilindenstrasse
St.-Anna-Strasse
Bellerivehöhe
Gerlisbergstrasse
Schlösslihalde
Klinik St. Anna
Bellerivematte
Haldenstrasse
Rosengartenhalde
Bergstrasse
Löwenstrasse
Schweizerhofquai
Nationalquai
363
28
27
29
30
Luzern Verkehrshaus
Lidoweg
WÜRZENBACH
2
Lidostrasse
Seeburgstrasse
Luzern
Inseliquai
Alpenquai
Bürgenstrasse
Tribschenstrasse
Fruttstrasse
Kellerstrasse
Geissensteinring
Gebeneggweg
Richard-Wagner-Weg
Warteggstrasse
Schönbühlweg
Elfenaustrasse
Am Rain
Weinbergli
Bodenhofstrasse
Imfangstrasse
Haselweg
Dorfstrasse
Rodteggstrasse

27 Geht doch!

LUZERNER UFERPROMENADE

Müßiggang ist aller Freude Anfang, doch kaum einer beherrscht heute noch die Kunst, sich einfach nur treiben zu lassen, ohne Zweck und Ziel. Höchste Zeit, im schönen Luzern zum Flaneur zu werden und sich dem Lustwandeln hinzugeben.

Gefrorenes Laub bricht knisternd unter meinen Schuhen. Kahle schwarze Äste und Zweige heben sich gegen einen eisblauen Himmel ab wie ein besonders filigraner Scherenschnitt. Die Luft ist glasklar. Vor mir funkeln die Wellen des Vierwaldstättersees und von der gegenüberliegenden Seite grüßen Berggipfel, die alle schon dicke Schneemützen aufgesetzt haben. An sonnigen Wintertagen wie diesem bin ich besonders gern unterwegs auf der rund dreieinhalb Kilometer langen Promenade entlang des Seeufers. Sie verlockt im Herbst nicht weniger zum Schlendern als im Frühjahr oder Sommer, ist aber vor allem in der kalten Jahreszeit ideal, um sich in der Kunst des Flanierens zu üben. An einem frühen Wintermorgen zeigt sich der Weg oft so geisterhaft leer, als hätte Gott verschlafen und die Menschheit noch gar nicht erschaffen. Niemand da, der Hast aufkommen ließe, nichts, was ablenken könnte. Gehen, sehen und sich von der Muse küssen lassen, wenn sie denn schon wach ist. Gang und Gedanken haben bald zu einem gleichmäßigen Rhythmus gefunden und ich lasse mich einfach gemächlich über den Quai treiben, vorbei an verwaisten Restaurantterrassen und mondänen Hotelbauten aus der Belle Époque, weiter Richtung Casino Luzern bis zum Strandbad Lido.

See- und Bergsicht

Gute Gründe, zu gehen

Am Nachmittag werden winterharte Luzerner vor dem Musikpavillon auf dem Kurplatz Boccia spielen, jetzt beleben nur ein paar aufgescheuchte Möwen kurz die Szenerie mit ihrem empörtem Kreischen. Die schläfrigen Enten stört das nicht. Zu Hunderten liegen sie auf dem Wasser wie Flusen auf einem dunkelblauen Pullover. Die Gelassenheit, die über der Seelandschaft liegt, geht auf meinen Gemütszustand über. Weit

Promenieren mit Panorama

hinter meinem Rücken, in Luzerns Stadtzentrum, geht es gerade um Arbeit und Konsum und darum, sich möglichst effizient von A nach B zu bewegen. Beim entspannten Spazieren auf dem Seeuferweg erscheint das Leben hingen wie ein langer Sonntagnachmittag – besinnlich, heiter und unendlich wohltuend.

Info

Lage: Nationalquai, 6006 Luzern

HINWEIS: Im Sommer finden vor dem Pavillon auf dem Kurplatz öffentliche Konzerte von regionalen Musikvereinen statt.

28 Ha-zwei-Oohhh!

SEEBAD LUZERN

Wenn sich ein Hochsommertag über die Stadt legt, als wolle er sie ausbrüten, dann liegt Luzerns älteste Badi wie ein kühles Versprechen in der Bucht des Vierwaldstättersees. Hier genießt man den Schweizer Sommer im Stil der Belle Époque.

Einige Meter vom Ufer des Nationalquais entfernt steht der hölzerne Kastenbau des Bades auf Pfählen im Wasser und verströmt das Flair der alten Zeit, als es in den Wohnungen noch keine Duschen gab und deshalb im Freien gebadet wurde. Bei ihrer Eröffnung im Jahr 1885 schwammen Damen und Herren in Luzerns Seebadi noch strikt voneinander getrennt in zwei separaten Becken und bis zum Bau des neuen Hallenbades im Jahr 1969 lernten Luzerns Schulkinder hier schwimmen. Mangels Rutschen, Sprungtürmen oder Plantschbecken müssen Besucher heute jedoch keine tobenden Kinder und hohe Lärmpegel fürchten. Die Grande Dame der Luzerner Schwimmanstalten ist nichts für Menschen, die Spaßbäder mit Volksfeststimmung mögen, sondern ein Sommerbiotop für stille Genießer und Liebhaber nostalgischen Flairs.

Trotz mehrerer Umbauten und umfangreicher Sanierungen blieb der Charme der historischen Holzbadi erhalten. Blau-weiße Vorhänge zieren die einfachen Umkleidekabinen, die auf dem Unterdeck rund um die beiden Innenhöfe angeordnet sind. Auf den Planken des Oberdecks arbeiten Badi-Profis daran, den Teint

Auf dem Sonnendeck

Kühles Versprechen

eines Surfchampions zu erreichen, dösen unter regenbogenbunten Strohhüten in ihren Liegestühlen oder finden sich zum Plausch auf den ringsum aufgestellten Bänken ein. Von dort huscht dann einer nach dem anderen über die leise knarzenden Dielen hin zum Steg. Die Vorsichtigen tauchen zum Temperaturtest erst langsam die Zehen ins Wasser. Hartgesottene steigen selbst an kühleren Tagen forsch ins Nass, ohne auch nur das geringste Anzeichen von Schnappatmung erkennen zu lassen. Eine kleine Yoga-Gruppe vollführt gekonnt ihre Übungen, Angestellte nutzen ihre Mittagspause für einen kurzen Erfrischungssprung ins schillernd blaue Wasser und auch viele Luzern-Touristen verabreden sich hier mit Sonne, Seewasser und

Umkleiden mit Stil

dem Grandezza-Blick auf die gegenüberliegenden Berge Bürgenstock und Pilatus.

Luzerns Badi ist ein gesellschaftlicher Schmelztiegel für alle, die keinen Pool besitzen oder ein Haus an der Riviera haben. Wer aber braucht schon Luxus oder das Meer, wenn er in einem Urlaubsreservat mitten in der Stadt müßiggehen kann? Wenn am Ende des Tages ein sanfter Wind die Hitze in den Feierabend schickt und sich Luzerns Lichter im Wasser spiegeln, schlürfen die Gäste im Restaurant des Bades ihre Caipirinhas. Passend zum Nationalgetränk der Brasilianer spielt der gegenüberliegende Pilatus Zuckerhut-Ersatz und tatsächlich mutet der Sommerabend dann an, als hätte Luzern sich eine große Portion Lebensfreude von Rio de Janeiro geborgt.

Badepäuschen?

Info

Lage: Seebad Luzern, Nationalquai 6a, 6006 Luzern

Website: *seebadluzern.ch*

HINWEISE:

- Das Seebad ist bei schönem Wetter von Mai bis September täglich geöffnet.
- Alternativ bietet das „Ufschötti"-Bad am Alpenquai Sandstrand, viel Rasen und schattenspendende Bäume.

29 Schweizer im Weltall

VERKEHRSHAUS

Ein Technikmuseum wird erst zu einem richtig guten Museum, wenn man ihm nicht nur einen Besuch abstatten, sondern zu einer Expedition dorthin aufbrechen kann, um lehrreiche Experimente und spannende Entdeckungen zu machen. Also anschnallen und Helm auf!

Mädchenlogik –es gibt ihn immer noch, diesen Begriff aus dem Wichtigtuer-Wörterbuch einiger Männer. Er bezeichnet eine unkonventionelle, angeblich typisch weibliche Art des Denkens, die mitleidig belächelt werden darf. Ab ins Verkehrshaus, meine Herren! Hier kann jedermann über den Zaun seiner eigenen Vorurteile blicken und zum Beispiel Müttern dabei zuschauen, wie sie ihren Söhnen im Flugsimulator die Steuerung eines Helikopters erklären. Töchter verweisen ihre Väter in der Lkw-Kabine auf den Beifahrersitz und ob unter all den schief sitzenden Bauarbeiterhelmen die Köpfe von Jungs oder Mädchen stecken, ist vollkommen nebensächlich. Hauptsache, Mama und Papa folgen den Anweisungen ihres Nachwuchses und schippen fleißig Bauschutt auf die Ladeflächen der Transporter. Auf dem Kids-Cargo-Areal voller Kräne, Hebebühnen und Förderbänder haben ausschließlich Kinder das Kommando und auch in den Ausstellungshallen ist Anfassen und Ausprobieren ausdrücklich erlaubt. Gerade das macht das Verkehrshaus so besonders. Kein Wunder, dass es das beliebteste Museum der Schweiz ist.

Wagen mit Geschichte

Was für Kunstliebhaber Gemälde von Picasso, Goya oder Rembrandt sind, das sind für Technophile die rund 3000 Exponate

Technikträume

im Verkehrshaus – Werke von Genies. Die Ikonen der Schweizer Mobilitätsgeschichte – vom Einbaum bis zur Raumsonde – sind hier versammelt: das Swissair-Flugzeug „Coronado“, Legenden des Automobilbaus, U-Boote oder die 128 Tonnen schwere Dampflokomotive namens Elefant – allesamt museale Schönheiten, wuchtig, massiv und ungeheuer beeindruckend. Bloß bewundert zu werden, reicht dem Verkehrshaus jedoch nicht.

Es nutzt die Gunst seines Publikums, um gezielt Aufklärungsarbeit zu leisten. So werden im neu errichteten „Haus der Energie“ moderne Formen der Mobilität und Zukunftstechnologien vorgestellt, die mitunter allerdings so neu gar nicht sind. Die Elektro-Oldtimer des Museums zum Beispiel, die sich zu Beginn des 20. Jahrhunderts leider nicht gegen den Verbrennungsmotor durchsetzen konnten, oder die Schweizer Solarfahrzeuge, die bereits in den 1970er-Jahren in Australien im Einsatz waren. Weil das Verkehrshaus seinem interaktiven Ansatz auch bei diesem Thema treu bleibt, können Besucher in diesem Ausstellungsbereich wieder selbst aktiv werden. Sie erforschen unter anderem, welchen persönlichen Beitrag sie zur Energiewende leisten können und machen sich auch schon einmal vertraut damit, wie eine Wasserstofftankstelle funktioniert.

Luftfahrtlegenden

Eine für alle Altersgruppen perfekte Vermittlungsmethode, doch vor allem Kindern wird Technik ja nicht dadurch verständlich, dass sie Verkehrsmittel bestaunen können. Wenn sie aber im Space-Transformer die Verhältnisse im All am eigenen Körper erleben, indem ihr Gleichgewichtssinn auf den Kopf gestellt wird, dann ist der Flug zum Mars der Stoff, aus dem die nächsten Kinderträume sind. Fantasie und Physik müssen sich nämlich nicht widersprechen, aber ihr dürft diese Tatsache gern Mädchenlogik nennen, liebe Männer.

Museale Schönheit

Info

Lage:
Verkehrshaus, Lidostrasse 5,
6006 Luzern

Website: *verkehrshaus.ch*

30 Luzerner Logenplatz

AUSSICHTSBANK AUF DEM DIETSCHIBERG

Wo Luzern am schönsten ist? Kein Zweifel: Dort, wo man einen Überblick hat und abhocken kann. Abhocken sagt der Schweizer, wenn er hinsetzen meint, und hat er es mit einer Sitzgelegenheit einmal besonders gut getroffen, dann äußert er seine behagliche Zufriedenheit mit der Feststellung: „Ich ha ei Wöhli" (Ich habe ein Wohlgefühl), häufiger noch in der geseufzten Kurzform „Ei Wöhli!" zu hören. Von den 1400 Bänken, die in Luzern zum Verweilen einladen, erfüllen eine ganze Reihe die Ansprüche an echte Wohlfühlplätze, würde man sie aber wie Hotels und Restaurants mit Sternen bewerten, hätte die Bank auf der Aussichtsplattform des Dietschibergs garantiert die Höchstzahl verdient.

Platz nehmen, ziellos in die Ferne schauen und an nicht Bestimmtes denken oder wie man auf Schweizerdeutsch sagt: Lose, luege, stuune! Hören, schauen, staunen ... und sich dem beglückenden Nichtstun hingeben.

Nun ist der Dietschiberg mit 684 Metern nur ein recht ansehnlich geratener Hügel, doch weil Höhe eben nicht alles ist, bekommt seine 5-Sterne-Bank oft Besuch. Ihr Ruf als Geruhsamkeits-Garant mit Bergblick hat sich herumgesprochen. Wer sich hier niederlässt, seinen Proviant und den Sonnenhut auspackt, kann sich die volle Dosis Luzern geben. Unten liegt der Vierwaldstättersee wie in der Mitte eines Amphitheaters, umgeben von Bergen, pastellgrünen Grashügeln und den Häusern der Stadt, die sich dicht ans Wasser drängen.

Bank mit Ausblick

Vor allem an sonnigen Sonntagen ist der Dietschiberg mit seinen Wanderwegen ein beliebtes Ausflugsziel. Deshalb nutzt man besser an Werktagen seine Chance für eine spontane Fahnenflucht aus der Stadt. Einfach auf alle digitalen Zeit- und Aufmerksamkeitsfresser verzichten, die Aussichtsbank besetzen und sein Dasein als Eintags-Deserteur zelebrieren. Innehalten, sich satt sehen und seine Gedanken mit flauschigen Schönwetterwolken über den Himmel ziehen lassen, bis das Stadt-See-Berg-Panorama seine volle Wirkung entfaltet. Für die verträumte Mattigkeit, die sich dann einstellt, muss man sonst lange meditieren oder Räucherstäbchen anzünden. Das Schweizerdeutsche kennt kein spezielles Wort für diese erquickliche Tagedieberei, wohl aber einen Ausdruck dafür, wie es sich anfühlt: „Ei Wöhli!"

Schlössli Utenberg

Info

Lage: Dietschiberg, 6006 Luzern

Website: *schloessli-utenberg.ch*

HINWEIS: Auf dem Weg zur Aussichtsbank liegt das Schlössli Utenberg. Im Rokoko Café des Schlössli den Sieben-Zwetschgen-Kuchen kosten und fragen, woher er seinen Namen hat!

Ausflüge im
Kanton Luzern
Aus Adlerperspektive

Ausflüge im Kanton Luzern

31. Das Aussichtsreich: Panoramaweg auf der Rigi
32. Nur über seine Eiche: Mark Twains Lieblingsplatz
33. Glück im Aufwind: Gleitschirmflug
34. Das große Glitzern: Winterwanderung im Eigenthal
35. Teuflisch schöne Ruhezone: UNESCO-Biosphäre Entlebuch
36. Waschtag: Goldsuche im Napfgebiet
37. Ein Tag am Meer: Menzberger Strandkörbe
38. Schweizer Zwitscher-Zone: Vogelwarte Sempach

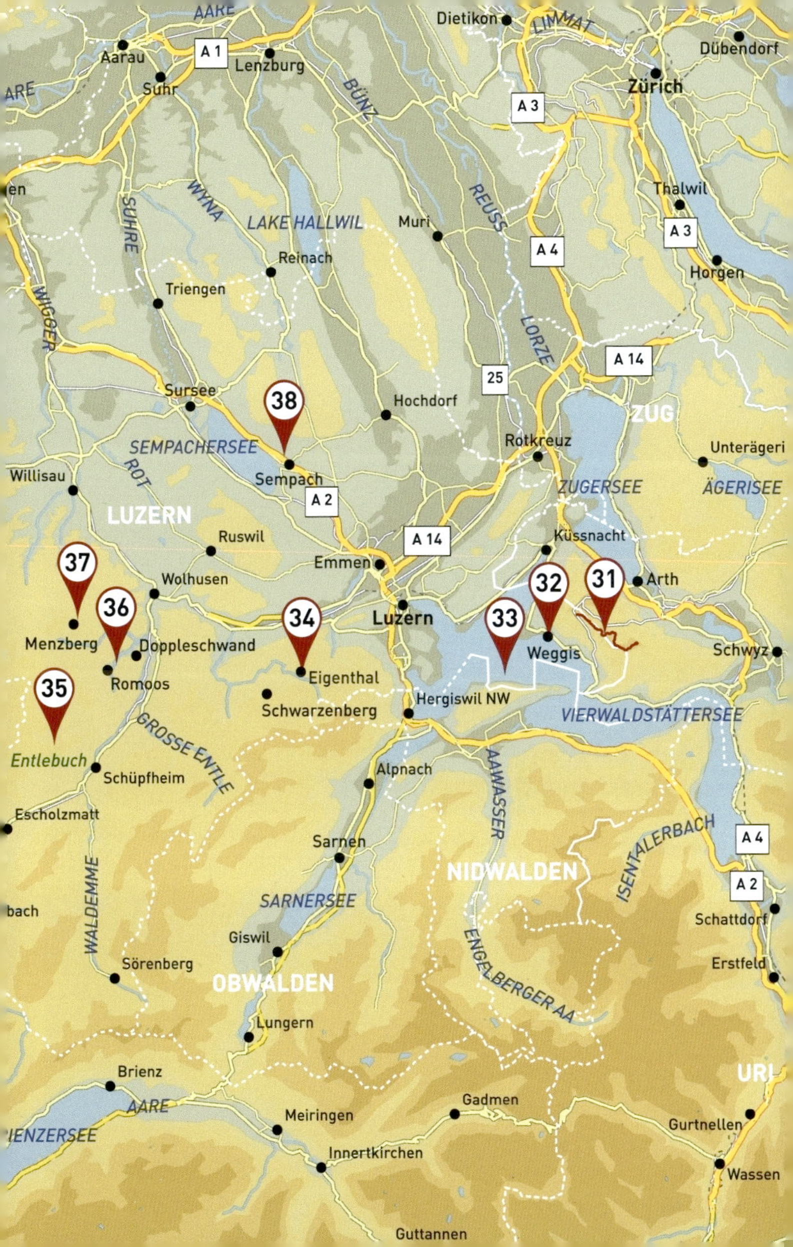

AARE
Aarau
A 1
Lenzburg
Suhr
Dietikon
LIMMAT
Dübendorf
Zürich
A 3
BÜNZ
WYNA
SUHRE
LAKE HALLWIL
Muri
REUSS
Thalwil
A 3
A 4
Horgen
Reinach
Triengen
WIGGER
LORZE
A 14
25
Sursee
38
Hochdorf
ZUG
SEMPACHERSEE
Rotkreuz
Unterägeri
Willisau
ROT
Sempach
ZUGERSEE
ÄGERISEE
A 2
LUZERN
Ruswil
A 14
Küssnacht
37
Emmen
32
31
Arth
Wolhusen
36
34
Luzern
33
Menzberg
Doppleschwand
Weggis
Schwyz
Romoos
Eigenthal
35
Hergiswil NW
Schwarzenberg
VIERWALDSTÄTTERSEE
GROSSE ENTLE
Entlebuch
Schüpfheim
Alpnach
Escholzmatt
AAWASSER
ISENTALERBACH
A 4
Sarnen
NIDWALDEN
WALDEMME
A 2
SARNERSEE
Schattdorf
Giswil
Sörenberg
Erstfeld
OBWALDEN
ENGELBERGER AA
Lungern
Brienz
URI
AARE
Gadmen
Meiringen
Gurtnellen
Innertkirchen
Wassen
Guttannen

31 Das Aussichtsreich

PANORAMAWEG AUF DER RIGI

Dieser Berg ruft nicht. Das hat er gar nicht nötig. Er bittet höchstens zur Audienz, nicht umsonst trägt die Rigi schließlich auch den Beinamen „Königin der Berge".

Entlang des Panoramawegs

Rigi – dieser Name entfachte bereits zu Beginn des 19. Jahrhunderts Neugier und Reiselust. Zum Who's Who der Rigi-Besucher gehören Goethe ebenso wie Victor Hugo, Leo Tolstoi, der Bayernkönig Ludwig II. und Richard Wagner. Weil den meisten der gut betuchten Gäste der Gipfelsturm zu beschwerlich war, ließen sie sich in einem Tragesessel nach oben hieven. Die britische Queen Victoria nahm es immerhin sportlich, ritt zu Pferd hinauf und notierte ihre Freude mit königlicher Contenance in ihr Tagebuch: „We are amused." Wenige Jahre nach ihrer Bergtour wäre Majestät bestimmt noch amüsierter gewesen, denn da hätte sie das Felsmassiv bereits komfortabel mit der Rigibahn erklimmen können. Die wurde am 21. Mai 1871 mit einer Fahrt von Vitznau nach Rigi Staffelhöhe feierlich eröffnet und wird seitdem als erste Bergbahn Europas gerühmt. Eigentlich eine erschummelte Ehre, denn die Steinbruchbahn Ostermundigen wurde zwar erst fünf Monate nach der Rigibahn eingeweiht, war jedoch schon seit 1870 inoffiziell in Betrieb.

So oder so erwies sich die Rigibahn als sichere Methode, Menschen mit dem Versprechen auf die volle Dosis Schweiz in Euphorie zu versetzen und die Karriere der Rigi als beliebtester

Gipfelschau

Ausflugsberg des Landes weiter zu befördern. Ihre Sogkraft hält bis heute an, dabei ist die Rigi eine elitäre Einzelgängerin und ein Zwerg noch dazu. Keine anderen Berge haben sich zu ihr gesellt und an die 1800-Meter-Marke reicht sie gerade so heran. Doch von Rigi Kulm, ihrem höchsten Gipfel, lässt sich fast alles sehen, was in der Schweizer Bergwelt Rang und Namen hat, auch Eiger, Mönch und Jungfrau. Dieses Panorama hat man allerdings nie für sich allein.

Wie gut, dass rund um die Rigi 120 Kilometer Wanderwege verlaufen, auf die sich die Ausflügler verteilen und das Bergmassiv erkunden können. Mein Favorit ist der Panoramaweg. Er verläuft weitgehend entlang der ehemaligen Eisenbahntrasse, weist kaum größere Steigungen auf und bietet unterwegs viele schöne Rastplätze. Die Hauptsache aber ist, dass sein Name hält, was er verspricht – Panorama und zwar ein phänomenales. Auf den sieben Kilometern von Rigi Kaltbad nach Rigi Scheidegg zieht die Berg-See-Wald-Landschaft wirklich alle Register. Sattgrüne Hügel und wilde Wiesen. Bevor die Aussicht auf die Alpen und den Schwyzer Talkessel Wanderer begeistern kann, muss sich jedoch erst noch die Sonne durch den nebeligen Baldachin brennen, der morgens oft über dem Vierwaldstättersee hängt. Unterstützt von einem Wind, der hartnäckig an der Dunstdecke zupft, bis die Gucklöcher darin immer größer werden und dann endlich der bucklige Rücken des Bürgenstocks in der Tiefe auftaucht. Wie eine Urzeitechse liegt dieser Bergriegel im See, als hätte er es sich vor Jahrmillionen hier bequem gemacht, um kurz zu rasten. Dann aber gefiel ihm die Gegend so gut, dass er entschied, für alle Ewigkeit zu bleiben und fortan die Blicke all derer zu fangen, die das königliche Aussichtsreich der Rigi besuchen.

Riegel des Bürgenstocks

Info

Lage: Scheideggstrasse, 6356 Rigi Kaltbad. Luzern ist etwa 30 Kilometer entfernt.

Wanderung:

- Von Weggis fährt die Luftseilbahn, in Vitznau die Zahnradbahn nach Rigi Kaltbad, wo der Panoramaweg startet. Am Ende der Wanderung bringt einen die Luftseilbahn von Rigi Scheidegg hinab nach Kräbel.
- Für die gut ausgeschilderte, sieben Kilometer lange Strecke wird eine Wanderzeit von zwei bis zweieinhalb Stunden veranschlagt. Die beste Jahreszeit zum Wandern ist Mai bis Oktober, der Weg ist jedoch auch im Winter geöffnet.

Website: *rigi.ch*

HINWEIS: Wellness-und Badefreunde entspannen mit Blick auf die Berge im Mineralbad & Spa Rigi Kaltbad (*mineralbad-rigikaltbad.ch*) oder im Whirlpool auf der Alp Chäserenholz von Franz-Toni Kennel, Kulmweg, 6410 Rigi Kulm

32 Nur über seine Eiche

MARK TWAINS LIEBLINGSPLATZ

Auf Mark Twains Spuren nach Weggis zu reisen, ist eine reizvolle Art, den Vierwaldstättersee zu erkunden. Nur nachmachen sollte man dem US-Schriftsteller nicht alles, wenn man Schweizer Sonnenaufgänge erleben will.

Hat sich das Licht im Land geirrt? Die Scheinwerferstrahlen der Nachmittagssonne pudern pinke und bernsteinfarbene Streifen auf die leuchtende Leinwand des Himmels. Darunter schillert Wasser im schönsten Südseeblau und am Ufer wedeln Palmen im warmen Wind. Das ist nicht die Karibik und auch nicht die Côte d'Azur. Wir sind in Weggis, einem kleinen Ort am Vierwaldstättersee, mit dem Schiff von Luzern in einer Dreiviertelstunde zu erreichen. Zu Füßen des Rigi-Berges gelegen wird die Weggis-Region auch als Riviera der Zentralschweiz bezeichnet, denn die Südwand des Felsmassivs reflektiert die Sonnenwärme so stark, dass ein mildes Mikroklima entsteht, in dem mediterrane Pflanzen den Winter überstehen können. Feigen, Weintrauben und Edelkastanien reifen hier und begeisterte Botaniker haben mehr als 30 Orchideenarten gezählt.

Gedenkstein

Einer, der diesem so verschwenderisch mit Schönheit ausgestattetem Ort nicht widerstehen konnte, war Mark Twain. 1878 und 1897 weilte der amerikanische Schriftsteller in Weggis. Um seine humorvoll geschilderten Schweiz-Erlebnisse im Buch „Bummel durch Europa" zu lesen, gibt es keinen besseren Ort als Mark Twains eigenen Lieblingsplatz. Der findet sich am oberen Endes des Dorfes auf einem kleinen Landvorsprung, dem Bühlegg. Dort hat Twain direkt am Ufer unter einem großen Eichenbaum gesessen und seine Gedanken als Treibgut über den See geschickt. „Sonntag im Himmel ist lärmig, verglichen mit dieser Ruhe", hatte er geschwärmt und dabei auf einen recht skandinavisch anmutenden Garten Eden geblickt. Beim Bühlegg hat sich der Vierwaldstättersee nämlich als Fjord verkleidet, als Meeresarm, der weit ins Festland hineingreift, von steilen Hängen umrahmt und von Möwenlachen beschallt.

Twains alte Eiche wurde längst von einem jungen Baumnachfolger ersetzt. Wer den besucht, gelangt aber auch an die Wurzeln des Wohlbefindens, die aus mediterraner Leichtigkeit und nordischer Klarheit bestehen und doch ganz und gar schweizerisch sind.

Ungeheure Bläue

Wie seine Eiche existieren auch die von Twain bewohnten Gebäude nicht mehr. Keine Chance also auf ein historisches Hotel oder ein Mark-Twain-Museum. Beinahe ganz so erhalten geblieben wie zur Zeit des Schriftstellers sind jedoch die altern Wanderwege auf die Rigi. Auch Twain wollte das viel gerühmte Sonnenaufgangsschauspiel am Rigi Kulm erleben. Jener Pfad, auf dem er den Gipfel erklomm, wurde ihm zu Ehren im Jahr 2010 Mark-Twain-Themenweg getauft. Er beginnt am See, genau unter dem Urenkel seiner Lieblingseiche, und führt zwölf kurvenreiche Kilometer lang durch Wälder und über Felder, vorbei an Kapellen, Wasserfällen und dem Felsentor, wo sich mächtige Steinpfeiler auftürmen.

Statt der knapp drei Stunden, die ihm sein Reisehandbuch angegeben hatte, brauchte der Trödler Twain allerdings ganze drei Tage, um oben anzukommen. Im festen Glauben für seine Aufstiegsmühen mit einem der legendären Sonnenaufgänge belohnt zu werden, begeisterte er sich über „ein wogendes Chaos riesiger Bergmassen, die Spitzen geschmückt mit unvergänglichem Schnee und umflutet von der goldenen Pracht des zitternden Lichtes", bis er stutzig wurde und sich über den eigenartigen Stillstand wunderte: „Mit diesem Sonnenaufgang scheint es einen Haken zu haben. Er will nicht recht gehen." Erschöpft von den Wanderstrapazen hatte Twain drei Sonnenaufgänge glatt verschlafen. Am vierten Tag wähnte er sich rechtzeitig erwacht, war jedoch so orientierungslos, dass er im Hotelzimmer blieb, um sich von dort die ersten Strahlen anzuschauen. Leider lag sein Fenster gen Westen. Der Moment der peinlichen Erkenntnis könnte für Twain Anlass gewesen sein, die eigene Spezies neu zu definieren: „Mensch – das einzige Lebewesen, das erröten kann, aber auch das einzige, das Grund dazu hat."

Hotel Beau Rivage

Info

Lage: Gotthardstrasse 39, 6353 Weggis. Von Luzern aus nach Weggis sind es etwa 20 Kilometer.

HINWEIS: Wer im Rigi Kulm-Hotel übernachtet, verpasst garantiert keinen Sonnenaufgang. 6410 Rigi Kulm, *rigikulm.ch*

33 Glück im Aufwind

GLEITSCHIRMFLUG

Darf man hoffen, den Boden unter den Füßen zu verlieren? Klar, wenn man endlich nicht mehr nur vom Fliegen träumen, sondern selbst abheben will. Dann ist der Himmel das Ziel.

Am achten Tag aber sprach der Herr: Ich werde einem Land alle Schönheiten schenken – Schneegipfel und Märchenwälder, weite Felder, rauschende Flüsse und kristallblaue Seen. Dann fiel ihm auf, dass Österreich nur ein erster Entwurf war, und er erschuf endlich sein Meisterwerk im schweizerischen Luzern. So klingt die Schöpfungsgeschichte, wenn Eidgenossen sie erzählen. Wer sich gern selbst einmal aus göttlicher Perspektive von dieser fabelhaften Schöpfung überzeugen möchte, kann das beim Paragliding im Tandem tun. Gestartet wird von verschiedenen Standorten rund um den Vierwaldstättersee mit einem erfahrenen Piloten, der den Gleitschirm sicher manövriert, während der Passagier vor ihm bequem im Gurtzeug sitzt.

Im Tandem fliegen

Ein bisschen lustvolles Gruseln kurz vor dem Start gehört dazu. Kein Zweifel daran, dass man wieder landen wird, aber in welchem Zustand? Der Schirm liegt hinter einem ausgebreitet. Ein letzter Check, ob Schnallen, Gurte und Helme sitzen und dann – warten, bis der Wind gleichmäßig von vorn kommt und los geht's. Den Hang hinablaufen, hinter einem der bunte Gleitschirm, der sich mit Luft füllt

Startklar!

und in die Höhe steigt. Weiterrennen, bis ein sanfter Ruck erfolgt, man immer mehr Luft unter die Füße bekommt und alle Anspannung abfällt. Dann wird das Denken eingestellt, zumindest für eine Weile. Der Blick wird weit. Unter einem der vielarmige Vierwaldstättersee. Sein Wasser ist ebenso wie Fels und Dörfer auf Modelleisenbahngröße geschrumpft. Die zerklüfteten Gipfelregionen des Pilatus, die dunkelgrünen Kuppen der Rigi, blühende Almwiesen und Spielzeugschiffchen auf dem blitzend blauen See – die Augen gehen über. Sicher steuert der Pilot den Schirm, fliegt Kurven und findet Aufwinde, die das Tandemgespann noch ein Stückchen höher tragen. Gelegentlich schaukelt es ein bisschen, und der Magen erinnert kribbelnd daran, dass auch er mitgeflogen ist. Seufzer sind die kleinste Einheit der Euphorie, dieser himmlischen Erfahrung aber angemessener als ekstatisches Schreien.

Blickt man vor dem Flug oft in angespannte Mienen, denen Arbeit und Alltag allen Elan ausgewaschen hat, flutet nachher ein Strahlen die Gesichter. Der Rausch, den die Schwerelosigkeit entfachte, verfliegt nach einiger Zeit. Was bleibt, ist der Abdruck der Berg- und Seenlandschaft aus Möwenperspektive, den alle Gleitschirmflieger im Herzen tragen und der ihnen helfen wird, fortan ein wenig leichter durch die grauen Tage des Lebens zu kommen. Anlauf nehmen, ausprobieren und vor lauter Glück seufzen!

Über allen Dingen

Info

Lage: Zentralschweiz, Luzern

Websites einiger Anbieter: *skyglide.ch, rigi-gliders.ch, paragliding-luzern.ch, passagierflug.ch, tandemflug.ch*

HINWEISE:

- Geflogen wird das ganze Jahr über. Ob der Flug durchgeführt werden kann, ist stets wetterabhängig.
- Es gibt keine Altersbeschränkungen. Für Kinder unter 16 Jahren wird eine Einverständniserklärung des Erziehungsberechtigten benötigt. Es empfehlen sich Wanderschuhe und der Jahreszeit entsprechende Kleidung. Vorkenntnisse sind nicht nötig. Der Pilot instruiert und erklärt alles, was man wissen muss.

34 Das große Glitzern

WINTERWANDERUNG IM EIGENTHAL

Statt schnell auf Skiern durch das Luzerner Naherholungsgebiet zu sausen, können Schneeschuhgeher sich abseits der Pisten langsam und auf leisen Sohlen die Schönheit einer tief verschneiten Landschaft erobern.

Wilhelm Tell war kein Wintersport-Fan. Von waghalsigen Schussfahrten oder rasanten Rodelpartien steht in Schillers Drama jedenfalls nichts. So trug der Schweizer Nationalheld seine Armbrust wohl behäbigen Ganges durch die heimischen Berge: „Er schreitet verwegen auf Feldern von Eis, da pranget kein Frühling, da grünet kein Reis." Sollen andere also Spaß an Pistengaudi, Abfahrtsrausch und Après-Ski haben. Willis würdige Nachfolger, die ihr Glück in der Langsamkeit suchen und der Winterlandschaft im Tellschen Tempo huldigen möchten, fahren ins luzernische Eigenthal, ein gletschergeformtes Naturparadies am Fuße des Pilatus. Auf rund 1000 Meter über dem Meer führen dort fünf Wanderrouten durch das meist sonnige Hochtal – und die Romantik folgt einem auf dem Fuß.

Winterwanderer

Die Sanftheit des Schnees gestaltet die Idylle des Eigenthals neu. Berggipfel sonnen sich unter einem wolkenfreien Himmelsblau, so hell, als spiegelten sich funkelnde Eisfelder darin. Auf den Dächern rustikaler Alphütten balancieren meterdicke weiße Hauben, viele Tannen stecken bis zu den Hüften im Schnee und hoch

Eisiges Stillleben

über allem strahlen Tomlishorn und Widderfeld, zwei Gipfel des Pilatusmassivs. Diese blau-weiße Winterwelt ist Gottes Gegenentwurf zur Karibik. Mal geht es auf gepfadeten Wegen voran, dann wieder werden bunte Schneeschuhe angeschnallt. Sie vergrößern die Trittfläche und hinterlassen Yeti-große Spuren. Ohne einzusinken, stampft man breitbeinig und ganz gemütlich über den flockig leichten Pulverschnee.

Skilangläufer

Der Puls wird kräftiger, der Atem geht tiefer und der Schnee knirscht kräftig unter jedem Schritt, doch sobald man stehen bleibt, wird es vollkommen ruhig. Die in Watte gepackte Gegend scheint alle Geräusche zu absorbieren. Niemand wagt, die Stille zu stören, bis sich irgendwo zwei Vögel unbedingt Neuigkeiten zurufen müssen und eine hechelnde Windböe den Bäumen die weiße Last von den Zweigen schüttelt. Mit sachtem Knistern rieseln die Flocken auf die Kapuzen der Wanderer nieder und der alte Schweizer Sterndrehermarsch kommt einem in den Sinn: „Es schlafen Bächlein und Seen unterm Eise, es träumt der Wald einen tiefen Traum. Durch den Schnee, der leise fällt, wandern wir, durch die weite, weiße Welt." Ruhe im Äußeren, Ruhe im Inneren – so wird die Winterwanderung zu einer wohltuenden Massage fürs Gemüt.

Weiße Pracht

Info

Lage: Eigenthal, 6103 Schwarzenberg. Luzern ist etwa 15 Kilometer entfernt.

Website: *eigenthal.ch*

Wanderung: Am Parkplatz Gantersei startet die Schneeschuhroute. Sie ist pinkfarbig markiert und geht zuerst Richtung Buchsteg und dann den Hang hinauf zu den Alpen Unter und Ober Honegg. Die lange Route führt insgesamt über 9,2 Kilometer zum Rägeflüeli Gipfel und sollte mit fünf Stunden Dauer veranschlagt werden. Etwas kürzer ist die Rundroute Rosebode (6,8 Kilometer), die in 3,5 Stunden zu schaffen ist.

HINWEISE:

- Bei Schwägis Nordic Corner kann man sich Schneeschuhe und Stöcke ausleihen und kostenlose Karten mit allen Winterwanderrouten mitnehmen. *schwaegi.ch*
- Ein geheizter Umkleideraum und abschließbare Fächer sind an das Restaurant Lindenstübli angegliedert. *lindenstuebli.ch*
- Geführte Schneeschuhtouren bietet Hansueli Keiser. *unterlauelen.ch*

35 Teuflisch schöne Ruhezone

UNESCO-BIOSPHÄRE ENTLEBUCH

Der Welt für eine Weile abhanden kommen – dieser Wunsch geht im Entlebuch schneller in Erfüllung, als einem einfallen will, was genau eigentlich eine Biosphäre ist.

Die Wälder dunkelgrün, die Schluchten tief, die Wiesen von Blumen übersät und dazwischen abgelegene Bergbauernhöfe, Bilderbuchdörfer und sehr, sehr viel Moor. Es gibt nur einen Luzerner Landstrich, auf den diese Beschreibung passt – das Entlebuch. Unspektakulär schön sei diese Gegend, heißt es, weshalb Touristen hier auch keine kritische Masse erreichten. Das gleiche kann man auch von den Einwohnern des Entlebuchs sagen. Gerade einmal 17.000 Menschen leben in acht Gemeinden, verteilt auf 400 Quadratkilometer, was immerhin beeindruckenden 56.000 Fußballfeldern entspricht. Hier, knappe 30 Minuten von Luzern entfernt, findet man noch die Stille, die nur in völliger Abwesenheit anderer Menschen zu haben ist.

Unterwegs im Entlebuch

Gespenstisch menschenleere Moore sind das besondere Markenzeichen des Entlebuchs. Über hundert Flach- und Hochmoore bedecken gut ein Viertel seiner gesamten Fläche. Nirgendwo sonst in der Schweiz gibt es mehr, denn seit dem 19. Jahrhundert wurden rund 90 Prozent aller Moorgebiete des Landes trockengelegt, überbaut oder zur Torfgewinnung genutzt. Im Entlebuch

Herbststimmung in der Moorlandschaft

hingegen ist der Pfad, der durch die Welt von Auerhahn, Moorbinse und Sonnentau führt, 80 Kilometer lang und in fünf Tagesetappen zu meistern.

Dass nicht allein ihre Moore, sondern auch ihre Karst- und Berglandschaften Schutz bedürfen, erkannten die Menschen im Entlebuch lange bevor Fridays for Future begann, für Natur- und Klimaschutz zu kämpfen. Deshalb ließen sie ihre Region bereits im Jahr 2001 von der UNESCO zum ersten Biosphärenreservat der Schweiz ernennen. Das geschah allerdings in typisch eidgenössischer Manier erst, nachdem sich eine breite Mehrheit der Einwohner in einer Volksabstimmung für diesen Schritt ausgesprochen hatte. Die Ziele des Biosphären-Konzepts sind die Erhaltung der natürlichen Vielfalt und eine nachhaltige Nutzung, also eine Art Gegengeschäft, bei dem der Mensch so mit der Natur zusammenlebt, dass beide profitieren.

Was geschieht, wenn man nicht gut auf die Umwelt des Entlebuchs achtet, zeigt einem angeblich die Schrattenfluh, ein weißgraues Karstgebirge, das am Rande des Reservats fast senkrecht

Auf der Schrattenfluh

Die Emme beim Dorf Entlebuch

dem Himmel entgegenrast. Regen und Schmelzwasser haben hier ganze Erosionsarbeit geleistet und tiefe Risse, Furchen und Spalten in den Stein gemeißelt. Es sieht aus, als habe eine riesige Raubkatze ihre Krallen an den Bergflanken gewetzt, aber im Entlebuch weiß man es besser – das war kein Tier, sondern der Teufel, und der verfügt in der Schweiz offenbar über einen erstaunlichen Gerechtigkeitssinn. Höchstpersönlich kam er, um einen besonders habgierigen und rücksichtslosen Bauern zu strafen. Noch das kleinste bisschen Erde kratzte er mit seinen dämonischen Fingernägeln von den Feldern, auf das dort nie wieder etwas wachse und gedeihe. So erheben sich da, wo einst die prächtigste Alp des

Markt in Escholzmatt

Entlebuchs gestanden haben soll, 2000 Meter hohe und extrem scharfkantige Kalkformationen.

Der Lohn für nachhaltige Landwirtschaft sind indes eine intakte Natur und eine Fülle regionaler Produkte, die unter dem Label „Echt Entlebuch" mit großem Erfolg vermarktet werden. Für Sennewürstli, Schrattenchäs, Bergheumilch und Biohonig erweist sich der Biosphären-Status als wertvolles Gütesiegel. Besucher können in vielen Restaurants probieren, wie das Entlebuch schmeckt, oder sich in den Verkaufsstellen, die in allen Gemeinden des Reservats zu finden sind, mit Leckereien für ein Wanderpausen-Picknick versorgen.

Echt Entlebuch

Info

Lage: Das Entlebuch liegt im Herzen der Schweiz zentral zwischen Bern und Luzern und hat fünf Zugänge über Wollhusen und Trubschachen, der Schallenbergpass oder die Sommerpässe Glaubenbielen und Glaubenberg. Das Entlebuch liegt etwa 25 Kilometer von Luzern entfernt.

Website: *biosphaere.ch*

HINWEIS: Der Gipfel des Brienzer Rothorn markiert mit 2350 Metern den höchsten Punkt im Kanton Luzern. Von Sörenberg erreicht man ihn bequem mit der Luftseilbahn (*soerenberg.ch*) und von Brienz mit der Dampfzahnradbahn (*brienz-rothorn-bahn.ch*).

36 Waschtag

GOLDSUCHE IM NAPFGEBIET

An den Fluss marschieren, die spektakuläre Schlucht, durch die er fließt, aber kaum beachten, weil man sich lieber stundenlang ins kalte Wasser stellt und wie hypnotisiert auf leere Pfannen starrt. Klingt unvernünftig, ist aber absolut nachahmenswert, denn es macht aberwitzig glücklich.

Hinter der nächsten Flussbiegung versteckt es sich, das große Los. Es wiegt zwar nur 0,005 Gramm und ist so winzig wie ein Staubkörnchen, doch die Gefühle, die es auslöst, stehen in umgekehrt proportionalem Verhältnis zu Größe und Gewicht. Mag der Fund auch noch so klein sein, die Freude darüber ist riesig, denn schließlich geht es um Gold, und das lockt auch uns an den Rand des Entlebuchs, dorthin, wo sich der markante Kegel des Napf-Berges erhebt. Fast alle Bäche dieser Gegend verbergen das begehrte Edelmetall in ihren Sand- und Geröllbänken. Die Grosse Fontanne ist jedoch der beliebteste Wildbach bei Goldsuchern. Sie entspringt einem dicht bewaldeten Gebiet an der Grenze zum Kanton Bern unterhalb des Berges, mit dem für Dialekt-Novizen herausfordernden Namen Champechnubel, und schlängelt sich durch ein enges Felstal. Das im Gestein enthaltene Gold wäscht der Fluss aus und lockt deshalb schon seit Jahrhunderten Goldsucher an seine Ufer.

Wo glitzert es?

Goldwäscher-Glück

Winziger Finderlohn

Zu unserer heutigen Gruppe gehören neben frühpensionierten Gymnasiallehrern und Smartphone-abstinenten Studentinnen auch kernige Naturfreunde, um Ausgleich bemühte Büromenschen wie ich und zwei kleine Jungs, die als angehende Abenteurer schon mal das siegessichere John-Wayne-Lächeln üben, während sie mit ihren Schaufeln in den Grund des Bachbettes stoßen und den Aushub in die Wok-artigen Waschpfannen füllen. Nachdem die größten Steine aussortiert sind, wird die Pfanne ins Wasser getaucht und anschließend geduldig geschwenkt und geschüttelt, sodass die Goldpartikel, die schwerer sind als Wasser, auf den Grund sinken. Schicht um Schicht wird leichteres Material ausgespült, bis am Boden nur noch dunkler Eisenerzsand zurückbleibt – zwischen dem es blitzt und glitzert. Oder doch nicht? Konzentriert wird mit der Kuppe der Zeigefinger noch einmal suchend über den Pfannenboden gefahren. So wie die Schattenlänge bei sinkender Sonne wächst auch die Ungeduld derer, die bislang leer ausgingen. Jeder Blick ein Ausrufungszeichen der bodenlosen Enttäuschung. Die Frustration lähmt die Lachmuskeln. Kein Wort wird mehr gesprochen. Nur das Wasser ist zu hören, das plätschernd in die Gummistiefel schwappt. Plötzliches Juchzen: gleich fünf wertvolle Krümel in einer Pfanne. Stimmungsumschwung auch bei den Mitwäschern, die bislang erfolglos waren. Fiebriger Eifer legt sich über ihre Gesichter. Sage später niemand, er sei nicht gewarnt worden: Im Luzerner Eldorado lauert die Sucht.

Konzentriert kneifen wir die Augen zusammen, um das Sehen auf größtmögliche Schärfe zu stellen. Das goldgelbe Glitzern wird uns jetzt nicht mehr entgehen, und tatsächlich funkeln auch in meiner Pfanne schließlich doch noch feine Goldflitter. Die Punkte eines Marienkäfers sind größer als die sattgelben Splitterchen und Stäubchen, die ich am Ende des Tages in meinem Glasfläschchen gesammelt habe, dennoch sind sie wertvolle Trophäen, denn sie zeigen, wie reich wir Goldwäscher sind. Reich an Zeit, die wir frei von Stress, Lärm und Hektik in der Natur des Napfgebiets verbracht haben.

Info

Lage: Am Fluss Grosse Fontanne zwischen Doppleschwand und Romoos. Luzern ist etwa 30 Kilometer entfernt.

Website: *goldwaschshop.ch/shop_content.php?coID=3210129*

HINWEISE:

- Der schnellste Zugang zur Grossen Fontanne befindet sich vor der Brücke auf der rechten Straßenseite (Fahrtrichtung Romoos). Vor der Holzhütte führt ein schmaler, zum Teil steiler Weg den Waldrand entlang direkt zum Bach.
- Im Napfgebiet ist das Goldwaschen mit Handgeräten ohne Genehmigung gestattet. Goldwaschtouren sind buchbar unter *napfgolderlebnis.ch, goldsuchen.ch und abenteuerwelt-napf.ch*

37 Ein Tag am Meer

MENZBERGER STRANDKÖRBE

Zu jedem Reisetrend gehören immer zwei: ein Tourismusexperte, der ihn sich ausdenkt, und ein Urlauber, der darauf reinfällt. Die bezaubernde Ausnahme zur Bestätigung dieser Regel liefern die pfiffigen Bewohner von Menzberg. Ohne ihre Kreativität kämen viele Menschen vermutlich nie von allein auf die Idee, in das fantastisch schöne Bergdörfchen zu reisen.

Die Zeichen stehen auf Spätherbst. Erste Fröste hauchen ihren weißen Raureifatem über Wiesen und Äcker und sture Nebel machen sich nun immer öfter über dem Schweizer Mittelland breit. Zeit, in solch lichtscheuen Monaten in ein Sonnenreservat zu flüchten. Zeit für Menzberg. Das auf rund 1000 Meter gelegene Dörfchen im Luzerner Hinterland beweist, dass man nicht unbedingt auf die höchsten Gipfel klettern muss, um Lichttankstellen zu finden und Weitsicht zu genießen. Das Höhennest Menzberg liegt im Winterhalbjahr meist über dem Nebel- und Wolkenmeer. Perfekt, dass auch die passenden maritimen Sitzgelegenheiten vorhanden sind. Von Ende September bis Anfang April laden sieben Strandkörbe an besonders schönen Aussichtspunkten rund um das Dorf zum Verweilen ein. Den Einfall dazu hatte kein Fremdenverkehrsamt, er kam von den Einwohnern Menzbergs selbst. Sie standen vor der Frage: Wie lässt sich die Abwanderung der jungen Leute in die Städte und damit das Sterben unseres Ortes stoppen? Durch einen sanften Ausbau origineller touristischer Angebote, lautete eine ihrer Antworten darauf, und der Erfolg der Strandkörbe bestätigt ihr Engagement.

Über dem Wolkenmeer

Auf einem zehn Kilometer langen Rundweg lassen sich alle Korbstationen in gut drei Stunden erwandern. Die Tour kann jedoch problemlos auf drei oder fünf Strandkörbe gekürzt werden, so dass man nur etwa eineinhalb oder etwas mehr als zwei Stunden unterwegs wäre. Sämtliche Strandkörbe sind mit einem Sound-

Schöner Schauplatz

system ausgestattet. Quasi als Ersatz für Wellenrauschen und Möwenschreien erklingen auf Knopfdruck Dorfgeschichten und Volksmusikstücke. Menzberger Schüler lesen alte Mythen und Sagen vor oder erzählen von den Herausforderungen, denen sich ihr Dorf aufgrund seiner abgelegenen Lage stellen muss. So reicht beispielsweise der Nachwuchs der Menzberger zum Leidwesen der Kinder nur ganz knapp für eine komplette Fußballmannschaft. Das glaubt man mit Blick auf die Einzelhöfe und Weiler sofort, die sich rund um den Ortskern verteilt auf Hügelkuppen erheben. Doch gerade diese Einsamkeit und Weltferne macht den Reiz des Bergdorfes aus. Hier kann man es sich ungestört in seinem Strandkorb bequem machen und der Entschleunigung huldigen.

Feine Dunstschleier flimmern im Sonnenlicht und ringsum wellen sich sanfte Anhöhen. Vom Strandkorb auf dem Oberlehn-Hügel reicht das Panorama sogar von den Juraketten bis zum Schwarzwald und von den Glarner bis zu den Walliser Alpen. Auch der Gipfel des Pilatus grüßt herüber, während in der Tiefe dichter Nebel seine Bergflanken anbrandet und das Brausen der Städte verschluckt. Schallgedämpftes Glück, das einen Ausdruck völliger Entspanntheit auf die Gesichter der Strandkorbgenießer zaubert und sie mit der Sonne um die Wette strahlen lässt.

Info

Lage: 6125 Menzberg. Luzern ist etwa 35 Kilometer entfernt.

Website: *menzberg-mit-weitsicht.ch*
Hier findet sich auch eine Karte mit den Standorten der Strandkörbe.

HINWEISE:

- Wer mit dem Pkw unterwegs ist, sollte dieses im Menznau stehen lassen und das Postauto nach Menzberg nehmen. Hier gibt es kaum Parkplätze.
- Konfitüren, Obst, Süßmost und Kräutersalze gibt es im Menzberger Hofladen mit Herz. *bergbuehlschuer.ch*

38 Schweizer Zwitscher-Zone

VOGELWARTE SEMPACH

Nirgendwo sonst in der Schweiz gibt es mehr über Vögel zu erfahren als im Besucherzentrum der Vogelwarte Sempach. Eine interaktive Ausstellung weckt die Faszination für Ornithologie und macht nicht nur Kindern ungeheuren Spaß.

Wenn ich ein Vöglein wär, dann am liebsten ein Rotkehlchen oder eine Seeschwalbe oder einer dieser elegant gefiederten Meistersänger, doch in der Vogelwarte Sempach habe ich keine Wahl. Nach einem Einführungsfilm über die hier betriebene Forschungsarbeit schlüpfen Besucher aus einem begehbaren Ei, werden beringt und starten dann in einem riesigen Nest in das Leben eines Schweizer Vogels, allerdings ohne zu erfahren, ob sie nun als Adlerbussard, Steinkauz oder Zilpzalp ihre Kreise ziehen werden. Die Auflösung erfolgt erst später. Sicher ist für den Moment nur, dass sie eines der fedrigen Wesen sind, die dank eines speziellen Körperbaus, leichter Knochen und dem Stoffwechsel eines Hochleistungssportlers von der Erde abheben können.

Mauersegler

Der folgende Rundflug durch die Erlebnisausstellung führt zunächst zu allen wichtigen Stationen eines Federviehdaseins: Fortpflanzung, Fressen, Überleben, Fliegen und Vogelzug. Wer bislang keine Ahnung von den verschiedensten Ansprüche an Nestbauarchitektur hatte, von Balztricks oder davon, was Eierfarben und Schnabelformen verraten, muss sich zukünftig bestimmt nicht mehr auf das Wissen von Suchmaschinen verlassen. Nach einem

Erpel im Anflug

Jungstorch

Besuch der Vogelwarte ist außerdem klar, welche Flieger sich auf Früchte stürzen wie der Falke auf die Feldmaus und bei wem eher Maden und Maulwurfsgrillen auf dem Menüplan stehen. Warum FKK kein geeigneter Lebensstil für Vögel ist und wer jodelnd balzt, rhythmisch hupt oder mit scharfem Kweck-Kweck-Rufen warnt, bleibt auch kein Geheimnis mehr.

Rotmilan

Nun nur noch heil durch den Gefahren-Gang gelangen, wo Katzen, Klimawandel, Stromleitungen und verhängnisvolle Fensterscheiben auf einen lauern und die Landwirtschaft einem das Leben zusätzlich schwer macht. Dann ist die letzte Flugetappe erreicht und es

Vögel des Sempachersees

Blässhuhn

geht in die Freiheit, in den Außenbereich der Vogelwarte. Direkt am Ufer des Sempachersees gelegen lässt sich dort das Familienleben von Stieglitz, Zwergtaucher & Co. aus nächster Nähe beobachten. Zuvor erfolgt aber noch die mit Spannung erwartete Auflösung des persönlichen Vogelprofils. Die anfängliche Beringung der Besucher diente dazu, ihre Interessen an bestimmten Ausstellungsthemen registrieren und auswerten zu können. Was bin ich denn nun? Bartgeier, Ziegenmelker oder werden mich alle von nun an offiziell eine Schnepfe nennen dürfen? Glück gehabt, ich bin eine hübsche Haubenmeise, niste in Baumhöhlen, bin meinem Partner lebenslänglich treu und sehr talentiert darin, meine Futtervorräte zu verstecken. „Zizigürrrr, gürrrr!"

Info

Lage: Schweizerische Vogelwarte, Seerose 1, 6204 Sempach. Sempach ist etwa 17 Kilometer von Luzern entfernt.

Website: *vogelwarte.ch*

HINWEIS: Rund um den Sempachersee laden Strandbäder zum Schwimmen ein. *schweizersee.ch*

Tagestouren in die Nachbarkantone

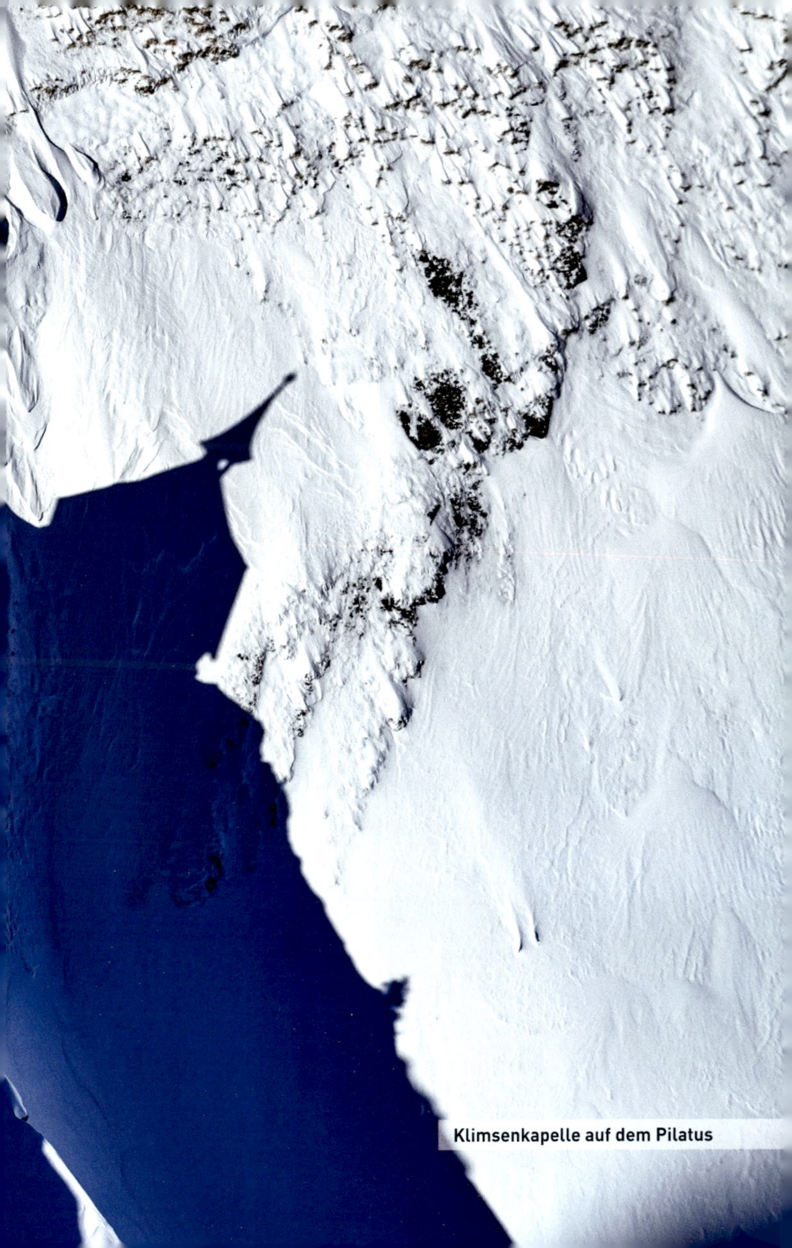

Klimsenkapelle auf dem Pilatus

Tagestouren in die Nachbarkantone

39. Fließend genießen: am Reussufer
40. Legenden leben länger: Tells Hohle Gasse
41. Übern Berg: Region Stoos-Muotatal
42. In Hochform: Fahrt mit dem Hammetschwand-Lift
43. Ein Abend im Morgenland: Parisa Persian Cuisine
44. Born to slide: Sommerrodelbahn Fräkigaudi
45. Abgrundtief schön: Klimsenkapelle
46. Date mit Alpen-Machos: Steinbockkolonie auf dem Pilatus
47. Einfach schweben: Seilbahn-Safari rund um den See
48. Die kleine Flatter: Schmetterlingspfad Lungern
49. Schnabelhafte Snacks: Alpendohlen am Titlis
50. Ein Stück vom Himmel: Spiegelsee auf der Fürenalp

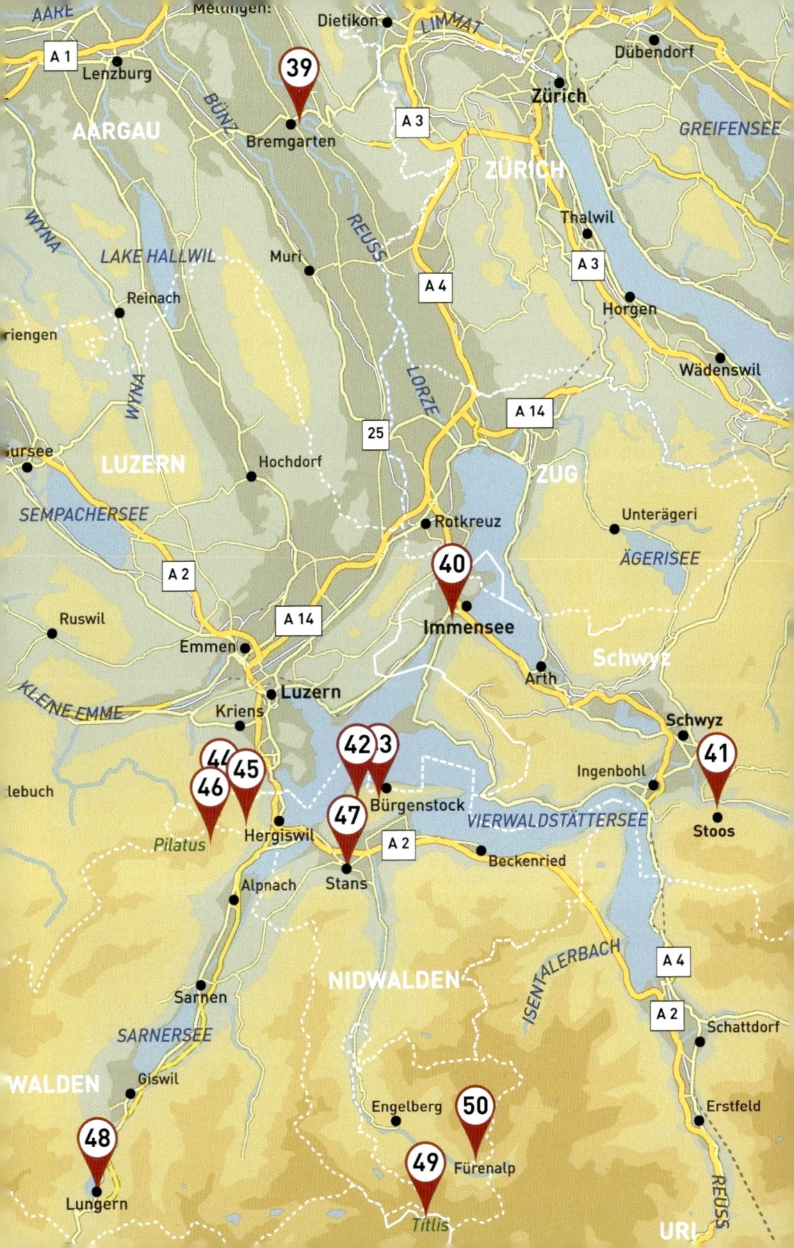

AARE
Mellingen:
Dietikon
LIMMAT
Dübendorf
A 1
Lenzburg
39
Zürich
BÜNZ
Bremgarten
A 3
AARGAU
GREIFENSEE
ZÜRICH
WYNA
REUSS
Thalwil
LAKE HALLWIL
Muri
A 3
A 4
Reinach
Horgen
riengen
Wädenswil
LORZE
WYNA
A 14
25
ursee
LUZERN
Hochdorf
ZUG
SEMPACHERSEE
Rotkreuz
Unterägeri
ÄGERISEE
A 2
40
Ruswil
A 14
Immensee
Emmen
Arth
Schwyz
KLEINE EMME
Luzern
Kriens
Schwyz
42
3
41
44
45
Ingenbohl
lebuch
46
Bürgenstock
47
VIERWALDSTÄTTERSEE
Stoos
Pilatus
Hergiswil
A 2
Beckenried
Alpnach
Stans
ISENTALERBACH
A 4
NIDWALDEN
Sarnen
A 2
Schattdorf
SARNERSEE
WALDEN
Giswil
Engelberg
50
Erstfeld
48
49
Fürenalp
Lungern
REUSS
Titlis
URI

39 Fließend genießen

AM REUSSUFER

Kommt, wir zeigen euch einige der schönsten Auen des Mittellandes, flüstern die Flussgeister und locken die Wanderer fort aus Luzern und mitten hinein in den sträflich vernachlässigten Kanton Aargau.

An Tagen, an denen der Himmel Luzern einen babyblauen Hut aufsetzt, präsentiert sich die Reuss als besonders glanzvolle Bühne für das Schweizer Möwen- und Entenballett. Wie gern würde man dem viertgrößten Fluss des Landes jetzt folgen, um zu erfahren, wie es für ihn nach seinem städtischen Auftritt weitergeht. Möglichkeiten dazu gibt es einige. Direkt vom Luzerner Bahnhof oder vom nahen Vorort Emmenbrücke führen Radwege die Reuss entlang, aber leider nicht direkt an ihrem Ufer. Das ist auf weite Strecken Spaziergängern vorbehalten. Deren Flussvergnügen bleibt jedoch auch nicht ungetrübt. Bahngleise, Unterführungen, Asphaltstraßen und Autobahnen sind die hässlichen und unüberhörbaren Plagen der Zivilisation.

Also ab in den Aargau! Der touristisch viel zu kurz gekommene Nachbarkanton von Luzern ist reich an amselumflöteten Wiesen, lichten Föhrenwäldern, duftigen Weiden und traditionellen Weinbaudörfern. Zu seinen größten Naturschätzen gehört das

Die Reuss bei Bremgarten

Wasserschloss der Schweiz, ein großes Auengebiet, in dem sich die Flüsse Aare, Reuss und Limmat vereinen. Hier fließt mehr Wasser zusammen als im ganzen Rest des Landes. Wer die Reuss auf ihrem Weg dorthin ein Stück begleiten möchte, findet zwischen Bremgarten und Mellingen eine der schönsten und weitgehend naturbelassenen Etappen. Bremgarten ist dank erkergeschmückter Gotik- und Barockbauten so hübsch, wie Nostalgiker es sich von erhabener Vergangenheit nur wünschen können, doch für Wassersportfans liegt hier das Surfmekka der Schweiz. Die „stehende Welle" des Städtchens ist nämlich ein weit über die Kantonsgrenzen hinaus bekannter Szene-Hotspot, denn dort, wo die Reuss beim Honegger-Wehr aufgehalten wird, bildet sich nach kräftigen Regenfällen eine ideale Flusswelle.

Flussidylle

Während die einen dem Riversurfen frönen, beginnt für die anderen hier ihre Flusswanderung durch eine der größten und urwüchsigsten Naturlandschaften des Schweizer Mittellandes. Den Aargauer Wanderweg Nr. 42 unter die Füße nehmen und sich von der mäandernden Reuss durch ein bedeutendes Natur-

Auen und Buchten

schutzgebiet bis nach Mellingen begleiten lassen. Mal schimmert der Fluss südseeblau, dann wieder wassernixengrün und schickt kurz darauf opalhelle Lichtsignale durch das dichte Blattwerk an seinem Ufer. Frei von Staustufen und Kraftwerken kann sich die Reuss in weitausholenden Schleifen nach Norden ausbreiten. Bei Eggenwil formt der ungebändigte Flusslauf so Auenflächen mit Sandbuchten, Schotterbänken und Tümpeln. Eisvögel graben ihre Bruthöhlen in senkrechte Uferabbrüche. Nagespuren an den Weiden verraten die Anwesenheit fleißiger Biber, Wasseramseln tauchen nach Flohkrebsen und im Wald flötet der Pirol.

Ufer in Mellingen

Abwechselnd geht es durch kühlen Wald und über sonnige Wiesen und Äcker, mal direkt am Ufer entlang, mal die Hügel hinauf, bis die Reuss in einem scharfen Bogen nach links abbiegt und das einstige Zisterzienserkloster Gnadenthal umfließt. Heute ist dort das größte Pflegezentrum des Aargaus untergebracht. Wegen der spätbarocken Klosterkirche, schönen Gärten samt Schaugewächshaus und kleinen Tiergehegen ist das frühere Konvent aber ein beliebtes Ausflugsziel und seine Gaststätte für Wanderer eine ideale Einkehrmöglichkeit, bevor sie sich aufmachen in Richtung des seit Jahrzehnten nicht mehr bewirtschafteten Waldreservats Risi. Wer noch keine Bekanntschaft mit Wunderveilchen, Wasserpiepern und Nachtigallen gemacht hat, kann das in diesem kleinen Urwald nachholen.

Wildromantische Reuss

Ich bin in meinem Urteil über diese Flusswanderung nicht ganz objektiv, weil das Städtchen Mellingen mir viele Jahre ein Zuhause war und ich die Aargauer Reusslandschaft tief im Herzen trage, aber wenn ich hier verspreche, dass es Kiesbänke am Fluss gibt, die sich anfühlen wie Kanada im Kleinformat, wie Wildnis und Weite, dann ist das keine haltlose Schwärmerei. Versprochen!

Info

Lage: 5620 Bremgarten und 5507 Mellingen: Nach Luzern sind es etwa 50 bzw. 65 Kilometer.

Website: *schweizmobil.ch/de/wanderland/routen/etappe-01274.html*

Wanderung: Die Etappe 5 des Aargauer Weges 42 führt 14 Kilometer von Bremgarten nach Mellingen und dauert rund 3, 5 Stunden. In Bremgarten führt der Wegweiser (Nr. 42 auf grünem Grund) durch die Altstadt hinab zur Reuss. Die Wanderung endet in Mellingen in der Bahnhofstrasse. Eine Möglichkeit zur Einkehr bietet das Kloster Gnadenthal (*kloster-gnadenthal.de*).

HINWEIS: Vogelfreunde machen in Bremgarten einen Abstecher zum Flachsee, wo sich einige hundert Vogelarten wohlfühlen.

40 Legenden leben länger

TELLS HOHLE GASSE

Am Anfang war ein Attentat, angeblich. Den Schauplatz von Wilhelm Tells Heldentat kann man aber tatsächlich besuchen und dabei erkunden, warum die dänisch-deutsch-schweizerische Gemeinschaftsproduktion einer Legende weltweit so erfolgreich werden konnte.

Schattig ist es hier. Wenige Sonnenstrahlen schummeln sich durch das Blätterdach der Bäume und streuen weißgelbe Leuchtstreifen auf das grobe Pflaster. Zu beiden Seiten säumen moosbewachsene Steinwälle den Pfad, der hübsch, aber viel zu unspektakulär ist, um einen Weg in die Aufmerksamkeit der Welt zu finden. Die hat ihm erst Friedrich Schiller verschafft und die Hohle Gasse mit seinem Drama „Wilhelm Tell" berühmt gemacht. „Durch diese hohle Gasse muss er kommen. Es führt kein andrer Weg nach Küssnacht", ist sich der Schiller'sche Tell gewiss. Die Sage vom Schweizer Freiheitskämpfer ist schon so oft erzählt worden, dass man glatt glauben könnte, der tapfere Bergbauer Willi hätte sich hier tatsächlich mit seiner Armbrust auf die Lauer gelegt, um den habsburgischen Landvogt Hermann Gessler zu erschießen.

Von der Existenz ihres Helden ganz und gar überzeugt, errichteten die Schweizer 1638 zum Gedenken an den Meisterschuss am oberen Ende der Hohlen Gasse die Tellskapelle. Über ihrem Eingang erzählt ein Ölgemälde vom Tyrannenmord, aber auch davon, wie man sich so einen uralten Hohlweg idealerweise vorzustellen hat – düster und bewaldet. Seit dem Mittelalter nutzten Menschen mit ihren Maultieren und Fuhrwerken diese Landstraße, die Immensee mit Küssnacht am Rigi verband. Nachdem sie im Zeitalter des Automobils asphaltiert worden war, erfolgte 1937 ihre Restaurierung. Inspiration für den Nachbau eines mittelalterlichen Pfades holten sich die Eidgenossen damals ausgerechnet in Schillers Bühnenanweisungen, dabei war der deutsche Dichter nie selbst in der Schweiz. Er verdankte sein Secondhand-Wissen allein Büchern, topografischen Karten und den Landeskenntnissen seines weitgereisten Freundes Goethe. Frei erfunden hatte er den Stoff jedoch nicht, die Geschichte

Tellskapelle

Armbrust und Apfel

vom Tyrannenmord, Apfelschuss und Freiheitskampf erzählten sich die Schweizer schon seit Jahrhunderten. Sie hatten die Story allerdings aus Dänemark importiert. Dort war bereits um 1200 ein Schütze namens Toko bekannt, der von einem barbarischen Herrscher zur Mutprobe mit einem Apfelschuss gezwungen worden war und ihn anschließend aus Rache tötete. In der eidgenössischen Version mutierte Toko zum Tell und eine ganz gewöhnliche Straße zum glorreichen Weg der Freiheit.

Durch diese hohle Gasse ...

Weil Schiller pedantisch genau gearbeitet hat, halten seine Schilderungen in der Realität durchaus stand. Sein Stück avancierte zum Reiseführer für romantisch veranlagte Literaturtouristen, darunter Richard Wagner, Franz Liszt, Elias Canetti und auch Felix Mendelssohn Bartholdy, der schwärmte „... es ist alles so treu und so ergreifend wahr: Leben, Leute, Natur und Landschaft". Die Verankerung in eine konkrete Gegend macht die Geschichte so verführerisch glaubhaft und schließlich endet eine kleine Wanderung durch die kurze Hohle Gasse und über den Tellernweg doch passenderweise an den Ruinen der Gesslerburg. Tatsächliche lebte dort einst ein verhasster

Vogt, der hieß allerdings nicht Gessler, sondern Eppo II. Das ändert jetzt auch nichts mehr. Der Ausblick über Küssnacht und den Vierwaldstättersee ist bühnenbildschön und der Tell doch nur deshalb nicht totzukriegen, weil er nie gelebt hat. Realität ist eben eine imaginäre Größe. Mit Einbildungskraft lässt sie sich verwandeln und genau das ist den Eidgenossen mit ihrer Sage gelungen. Wahrscheinlich oder unwahrscheinlich? Das hängt auch in der Hohlen Gasse von jedem selbst ab. Vielleicht ist es so wie mit dem Blick auf einen schwach leuchtenden Stern. Wer leicht an ihm vorbeischaut, statt ihn direkt zu fixieren, erkennt sein Licht deutlicher. Wer beim Tell-Mythos also nicht zu genau hinsieht, den leitet die Hohle Gasse geradewegs ins Herz der Schweiz.

Ruinen der Gesslerburg

Lage: Hohle Gasse, 6405 Immensee. Nach Luzern sind es etwa 15 Kilometer.

Wanderung: Nach der Tellskapelle folgt man dem Wegweiser Rigi-Chestene-Weg in Richtung Weggis. Nach rund 30 Minuten führt beim sogenannten Knochenstampfi ein ausgeschilderter Abzweig hinauf zur Gesslerburg. Man kann anschließend nach Küssnacht hinabsteigen oder die restlichen acht Kilometer weiter nach Weggis wandern. *maps.luzern.com/de/tour/wanderung/rigi-chestene-weg-etappe-immensee-kuessnacht-weggis/32785707*

Websites: *hohlegasse.ch, hohlgassland.ch*

41 Übern Berg

REGION STOOS-MUOTATAL

Wer in den Schweizer Bergen unterwegs ist, gewöhnt sich nur allzu leicht an großartige Natur, die Gemeinde Stoos jedoch verblüfft noch jeden mit einem der schönsten Höhenwege des ganzen Landes, mit einem konkurrenzlosen Panorama und der steilsten Standseilbahn der Welt.

Keine Thermalquellen, aber viele Kühe und Ziegen? Auch gut, denn so konnte selbst das kleinste Kaff noch große Karriere als Kurort machen, indem das Nebenprodukt der Käseherstellung einfach zum hochwirksamen Heilmittel erklärt wurde – Molke. Kamen noch eine außergewöhnliche Location mit hinreißenden Landschaften hinzu, hatte die High Society des 19. Jahrhunderts flugs ein neues Lieblingsreiseziel gefunden. Zu den Milch- und Molkekuren im Bergdorf Stoos ließen sich reiche Russen, Franzosen und Engländer jedenfalls scharenweise per Sänfte hinauftragen. Heute erreicht man den 1300 Meter über dem Meer gelegenen Ort per Standseilbahn, die – den hohen Schweizer Ansprüchen genügend – natürlich nicht irgendein 08/15-Gefährt, sondern eine Weltrekordhalterin ist. Steiler als mit dieser Standseilbahn werden Touristen nirgendwo sonst in höchste Höhen gehievt. Ihre Kabinen, die vier aneinandergeschweißten Waschmaschinentrommeln gleichen, erklimmen die 744 Höhenmeter von Schwyz-Schlattli zur Bergstation Stoos in vier bis sieben Minuten. An der steilsten Stelle der Strecke überwinden sie eine Steigung von 110 Prozent, was einem Winkel von knapp 48 Grad entspricht. Dass dabei kein Fahrgast umkippt, ist dem automatischen Niveauausgleich der kugeligen Kabinen zu verdanken, die sich entsprechend der Neigung des Berges leicht drehen und die Passagierebene so immer in der Horizontalen halten.

Steil, steiler, Stoos

Der wahre Nervenkitzel aber wartet erst noch. Wer auf göttlichen Beistand baut, kann in Stoos noch schnell ein Stoßgebet in der ganz aus Holz erbauten Kapelle Maria Hilf gen Himmel schicken, bevor er entweder seine Konditionsstärke einem ersten Test unter-

Kapelle Maria Hilf

zieht und 600 Höhenmeter bezwingt oder sich alternativ im gepolsterten Sessellift auf den Klingenstock transportieren lässt. Dort oben beginnt sie dann endlich – die Gipfel-Gratwanderung vom Klingenstock zum Fronalpstock. Es ist keine der Klettertouren, von denen es heißt, selbst die Bergziegen müssten sich ihre Steigeisen anziehen; für Wackelkandidaten, die schon nicht sicher auf Haushaltsleitern stehen können und davor scheuen, in Abgründe zu blicken, ist dieser an manchen Stellen kniffelig schmale und abschüssige Weg jedoch ein No-Go. Vor allen anderen liegt, abhängig vom Fitnessgrad und der Häufigkeit von Fotostopps, eine zwei- bis dreistündige Wanderung durch eine Landschaft von unwirklicher Schönheit. Windgebürstete Höhenzüge, fettgrüne Wiesen, gewaltige Berge und in der Tiefe das brüllende Blau von zehn Schweizer Seen. Über Rot Turm geht es Richtung Nollen, schließlich um den Huser Stock herum und über einen in den Fels gehauenen, mit Ketten gesicherten Weg hinab zum Furggeli. Nach einer Rast bei der dortigen Alphütte kostet das letzte Stück

In und über den Wolken

bis zum Gipfel noch einmal eine Menge Kraft. Oben warten auf der Terrasse des Bergrestaurants schon die wanderfaulen Freunde, die direkt von Stoos mit dem Sessellift auf den 1922 Meter hohen Fronalpstock gelangt sind, um sich den wuchtigen Ausblick über die Bergwelt der Zentralschweiz und die weit geöffneten Arme des Vierwaldstättersees nicht entgehen zu lassen. Übersehen wird dabei oft der hellgrüne, von Wald umringte Flecken, der gegenüber in der Tiefe leuchtet – die Rütliwiese, der geschichtsträchtigste Rasen der Schweiz. Direkt am Ufer des Urnersees gelegen soll dort am 1. August 1291 die Schweizer Eidgenossenschaft entstanden sein, als drei Abgesandte der Urkantone Schwyz, Uri und Unterwalden ihr ewiges Bündnis beschworen, aus dem später die Confoederation Helvetica hervorging. Umringt von einer Lawine aus Naturschönheiten erscheint es mir auf dem Fronalpstock besonders passend, dass der Ort, an dem die Schweiz ihrer Entstehung gedenkt, kein Schlachtfeld, kein Schloss oder eine Säulenhalle ist, sondern eine Wiese an einem Bergsee.

Info

Lage: 6433 Stoos. Von Luzern aus nach Stoos sind es etwa 40 Kilometer.

Websites:

- *schweizmobil.ch/de/wanderland/routen/route-0827.html*: Informationen über die 4,7 Kilometer lange Gratwanderung vom Klingenstock zum Fronalpstock
- *stoos-muotatal.ch*
- *stoos.ch/de/stories/stoosbahnen und stoos.ch/de/stories/weltrekord*: Standseilbahn, Luftseilbahn von Morschach; Stoos-Sesselbahnen in Stoos, eine fährt zum Klingenstock, die andere zum Fronalpstock

HINWEISE: Trittsicherheit und Schwindelfreiheit werden für diese mittelschwere Tour vorausgesetzt. Offiziell wird die Richtung vom Klingenstock zum Fronalpstock empfohlen, um das Kreuzen mit entgegenkommenden Wanderern weitgehend zu vermeiden.

42 In Hochform

FAHRT MIT DEM HAMMETSCHWAND-LIFT

Einmal im Leben mutiger als 007 sein? In Luzern muss man dazu nicht einmal zum Spion werden. Die ganze Herausforderung besteht einzig darin, den Aufzug zu nehmen und gen Himmel zu schweben.

James Bond ein Angsthase? Sean Connery, der Darsteller des sonst so tollkühnen Agenten, hätte den Dienst für seine Majestät am liebsten quittiert, als er für die Dreharbeiten zu „Goldfinger" in den höchsten Freiluftaufzug Europas steigen musste. Wer das Wagnis einer Fahrt mit dem Hammetschwand-Lift selbst eingehen möchte, dem bieten sich bereits beim Gang dorthin ein schwindelerregendes Panorama. Vom Felsenweg, ein in die überstehende Kalksteinwand gehauener Höhenpfad, fällt der Blick die steile Bergflanke hinab und stoppt erst am See, der 500 Meter tiefer in der Sonne flimmert.

Über den See sehen

Bei dieser achtunggebietenden Aussicht wirken alle Versuche, die eigenen Ängste mit beruhigenden Gedanken zu überlisten, nur schwach: Keine Bange, der Aufzug ist doch bereits seit 1905 in Betrieb, die Technik konnte sich also weit mehr als 100 Jahre bewähren. Direkt vor diesem Meisterwerk der Ingenieurskunst kehren die eingelullten Zweifel dann mit Macht zurück: Ob das wirklich eine gute Idee ist, sich von einem Ding, das einer Mischung aus Eiffelturm, provisorischem Baugerüst, Minarett und Raketenabschussrampe gleicht, auf eine 1132 Meter hoch gelegene Felsnase katapultieren zu lassen? Fest klammert sich der 119 Meter

Mutprobe bestanden?

hohe Gitterturm an die fast senkrecht hinabstürzende Bürgenstock-Nordflanke, die Hammetschwand. Der Zugang zum Lift befindet sich im Inneren des Berges, und auch die ersten Meter führen durch den Fels nach oben, bis der Aufzug ins Freie strebt und die Sicht auf den Vierwaldstättersee und die Berge der Zentralschweiz freigibt.

Mit einer Geschwindigkeit von 3,15 Metern in der Sekunde geht es in der verglasten Panoramakabine gen Himmel. Noch bevor Angst und Schwindel heißkaltgestreifte Schauer ausschicken können, ist die Fahrt nach 50 Sekunden auch schon vorbei. Kurioserweise hat man zwar nicht die Gesichtsfarbe, wohl aber den Kanton gewechselt. Der Hammetschwand-Lift selbst steht auf dem Gebiet Luzerns in der Exklave Bürgenstock, die Plattform, auf dem die Mutprobe endet, befindet sich bereits in Nidwalden. Zur Belohnung läuft oben spektakuläres Naturkino und beim Blick in die Tiefe darf man sich ruhig ein bisschen fühlen wie 007 in „Man lebt nur zweimal".

Lage: Lift-Team Bürgenstock Resort. Das Resort liegt etwa 18 Kilometer entfernt von Luzern.

Website: *burgenstockresort.com*

HINWEISE:

- Vom Bahnhofsquai legen Schiffe bis zur Talstation Kehrsiten-Bürgenstock ab. Von dort geht es mit der Bürgenstock-Bahn in sechs Minuten hinauf zum Zielbahnhof, der direkt im Bürgenstock Resort liegt.
- Auf der Website gebuchte Tickets beinhalten die direkte Schifffahrt Luzern-Kehrsiten Bürgenstock sowie die Fahrt mit der Bürgenstock Bahn.
- Vom Bürgenstock Resort aus führt in rund 30 Minuten ein als Lernpfad gestalteter Weg zum Lift.
- Darüber, ob der Felsenweg witterungsbedingt geöffnet und begehbar ist, informiert die Webseite *felsenweg.ch*

43 Ein Abend im Morgenland

PARISA PERSIAN CUISINE

Auf einem schmalen Bergkamm, der zum See hin spektakulär steil abfällt, thront eine Legende des Luxustourismus – das Bürgenstock Resort. Zu elitär für ein Mikroabenteuer? Jein! Man muss nicht am Pool fläzen wie einst Sophia Loren, aber wenn persische Kochtradition auf ein traumhaftes Panorama trifft, sollten das nicht nur Superreiche genießen.

Eine Brücke, die von Isfahan bis nach Honolulu reicht, hatte der Mann sich gewünscht, doch der guten Fee schien die Erfüllung seiner Bitte viel zu schwer. Sie lehnte ab, gestattete aber einen zweiten Versuch. „Na gut, dann wünsche ich mir, dass ich endlich meine Frau verstehe." Daraufhin ließ die Fee den Mann wählen, ob die Brücke ein- oder zweispurig sein solle. Diese Geschichte aus dem Iran fällt mir ein, während ich mich im Restaurant Parisa auf in Safran marinierte Riesencrevetten und persischen Pudding freue und dabei auf das Luzerner Seebecken schaue. Wie einfach so ein Brückenschlag zwischen Orient und Okzident doch ist, wenn Kochkunst und Gastfreundschaft im Spiel sind. Bei grünen Oliven gemischt mit Walnüssen und Granatapfelsauce, persischer Nudelsuppe mit Kichererbsen, saftigen Lammspießen, knackigem Wassermelonensalat mit Fetakäse und der himmlischen Süßspeise Fereni, zubereitet aus frischer Milch, Pistazien, Reismehl, Zimt und Rosenwasser, gelingt die kulturelle Kontaktaufnahme, die uns im Alltag oft so schwer erscheint wie der guten Fee der Brückenbau. Mit welch Leichtigkeit ihnen hingegen die Verführung des Abendlandes gelingt,

Stil? Voll!

beweisen der Chef des Parisa und seine Mannschaft. In ihrer Küche wird Authentizität nicht bloß imitiert, es wird tatsächlich traditionell und landestypisch gekocht, wie auch in den anderen sechs Restaurants des dorfähnlichen Hotelkomplexes auf dem Bürgenberg, in denen Spezialitäten aus Fernost, Frankreich und der Schweiz serviert werden.

Das Ferienparadies der Extraklasse liegt im Kanton Nidwalden, an einem der schönsten Aussichtspunkte des Vierwaldstättersees und blickt auf eine traditionsreiche Geschichte zurück. In den 1950er- und 1960er-Jahren zählte der Bürgenstock zu den exklusiven Adressen im internationalen Jetset. Charlie Chaplin, Shirley MacLaine, Königin Amélie von Portugal, Georges Simenon und Henry Kissinger genossen den Luxus der schweizerischen Hotellerie. Audrey Hepburn und Mel Ferrer haben in der kleinen Bürgenstock-Kapelle geheiratet und Bundeskanzler Konrad Adenauer leitete für einige Wochen von hier aus sogar seine Amtsgeschäfte.

Nach umfassenden Um- und Neubauten soll der 2017 wiedereröffnete Hotelberg keine exklusive Nobel-Enklave mehr, son-

Gipfel-Genüsse

dern ein Refugium für alle sein. Auch Wanderer, die einfach den unvergleichlichen Ausblick genießen und picknicken möchten, sind willkommen. Nichts gegen mitgebrachte Käsebrote, die sind nahrhaft, aber wahrhaft lebensbereichernd sind die Aromabomben auf den Tellern im persischen Restaurant. Den besonderen Clou bietet abschließend die Shisha Lounge. Gibt es ein schöneres Sinnbild für arabische Gemütlichkeit als der feine Rauch blubbernder Wasserpfeifen? Über der Sitzecke mit den kunstvoll bestickten Kissen weht der fruchtige Duft des aromatisierten Tabaks und ein tiefer Ausdruck von Entspannung spiegelt sich in den Gesichtern der Gäste. Plaudern, Tee trinken und die wohltuende Schlaffheit nach einem guten Essen genießen – so vollkommen kann die Schweizer Variante von Tausendundeiner-Nacht sein.

Orientalische Gastlichkeit

Info

Lage: Bürgenstock Hotels & Resort Bürgenstock Villa Daniel, 6363 Obbürgen. Obbürgen liegt etwa 16 Kilometer von Luzern entfernt.

Website:
burgenstockresort.com/de/dining/parisa

HINWEISE: Vom Bahnhofsquai legen Schiffe bis zur Talstation Kehrsiten-Bürgenstock ab. Von dort geht es mit der Bürgenstock-Bahn in sechs Minuten hinauf zum Zielbahnhof, der direkt im Bürgenstock Resort liegt.

44 Born to Slide

SOMMERRODELBAHN FRÄKIGAUDI

Es gibt eine sichere Methode, Menschen in Euphorie zu versetzen. Man lässt sie einfach ihre Hochgeschwindigkeitstauglichkeit unter Beweis stellen. Also, raus aus dem Fußgänger-Dasein und rein in den Formel-1-Wagen, in die Achterbahn oder in den Fräkigaudi – eine der längsten Sommerrodelbahnen der Schweiz.

Guten Rutsch!

Bereit für einen echten Kurvenstar? Dann auf zur Fräkmüntegg, einem nordöstlichen Ausläufer des Pilatusmassivs. Dort führt ein 1,3 Kilometer langer Chromstahlkanal durch zahlreiche Tunnel, Steilkurven und über eingebaute Sprünge. Der Rodelspaß ist nicht nur Kindern vorbehalten. Die Großen dürfen den Ernst ihres Erwachsenenlebens auch gegen Endorphine eintauschen. Die Schlitten der Bahn sind mit Bremsen ausgestattet, sodass

Die Kurven kriegen

jeder seine Wohlfühlgeschwindigkeit selbst bestimmen kann. Mit kleinem Kind im Doppelschlitten genießt man gemütliches Hinabgleiten. Doch der Nervenkitzel, der alle Sinne fordert, stellt sich nur bei dem ein, der beherzt beschleunigt und rasant zu Tal braust. Es schüttelt und rüttelt und im Bauch beginnt es kräftig zu kribbeln. Im nächsten Augenblick explodiert auch schon das Adrenalin und alles wird zu einem fabelhaften Fließen. Das ist der Flow, der Rausch, der unglaublich glücklich macht. Der Fahrer wird eins mit seinem Schlitten und geht vollkommen in seinem Hochgefühl auf. Ganz auf die nächste Kurve konzentriert nimmt er die Schweizer Landschaft bei diesem Tempo nur noch im kaleidoskopischen Schnelldurchgang war. Himmel und See, Berge, Bäume und Wiesen verschmelzen zu einer einzigen blau-weiß-grünen-Sinfonie. Auskosten kann man das Alpenpanorama später noch in aller Ruhe, wenn man am Ende, noch trunken von der Fahrt, mit einer Art Schlepplift wieder zurück zum Ausgangspunkt gezogen wird. Bei einem einzigen Rutsch wird es ohnehin nicht bleiben, denn das Sommerrodeln birgt ein extrem hohes Suchtpotenzial. Schneller als hier wird sich das Ferienglück andernorts wohl kaum auf die Sprünge helfen und in die richtige Bahn lenken lassen.

Info

Lage: Sommerrodelbahn Fräkigaudi, 6052 Hergiswil. Zum Schlossweg 1 in Kriens, wo die Seilbahn losgeht, sind es etwa vier Kilometer vom Zentrum Luzerns aus. Die Seilbahn führt bis zur Haltestelle Fräkmüntegg, von dort ist die Rodelbahn ausgeschildert.

Website: *rodelbahn.ch*

HINWEIS:

Erst Rodeln, dann Klettern? Wenige Minuten von der Fräkigaudi entfernt liegt der Pilatus Seilpark. *pilatus.ch*

45 Abgrundtief schön

KLIMSENKAPELLE

Auf dem Schweizer Bergmassiv Pilatus balanciert ein beeindruckendes Symbol des Gottvertrauens – die Klimsenkapelle. Um sie zu erreichen, wird nicht der Glaube, wohl aber die eigene Schwindelfreiheit getestet.

Soll ich's wirklich machen oder lass ich's lieber sein? Vor dem Einstieg in die alarmrote Mini-Gondel, die uns auf den Luzerner Hausberg Pilatus bringen soll, nickt ein mitfühlender Mitfahrer mir aufmunternd zu und meint: „Keine Angst, ich mache das schon mein Leben lang." Das beruhigt, immerhin ist er schon mindestens sieben Jahre alt. Ich vertraue seinem Urteil und wage es. Für Klaustrophobiker ist die Panoramagondelbahn, die Platz für gerade einmal vier Personen bietet, aber ganz sicher nichts. Mit ihr geht es in einer ersten Etappe von der Station Kriens hinauf nach Fräkmüntegg, immer dem heiteren Himmelsblau entgegen.

Hoch über allem strahlt der Pilatus. Um dieses Gebirge ranken sich viele Mythen und Sagen von kreischenden Luftgeistern und feuerspeienden Drachen, die Unwetter, Tod und Verderben brachten. Hauptverantwortlicher für alles Unglück soll jedoch kein Geringerer als Pontius Pilatus gewesen sein. Angeblich fand der einstige römische Statthalter Judäas seine letzte Ruhestätte nämlich ausgerechnet in einem inzwischen verlandeten Bergsee bei der Oberalp. An allen anderen Orten, wo man ihn zuvor bestatten wollte, tobten gewaltige Stürme und richteten schwere Verwüstungen an. So entschied man, seine Gebeine weit weg von menschlichen Siedlungen auf den Schweizer Berg bei Luzern zu bringen, der seitdem auch seinen Namen trägt. Bis ins 16. Jahrhundert war die Besteigung des Berges unter Androhung strenger Strafen verboten, um Pilatus' Totenruhe zu wahren und seinen Geist nicht zu provozieren. Heute macht das Tourismusamt erfolgreiches Marketing mit diesem Mythos und lockt Schweizbesucher in die Seilbahnen.

Dem Himmel so nah

Die Furchtlosen werden auf der zweiten Etappe gen Gipfel damit belohnt, dass sie in Fräkmüntegg in die geräumige Luftseilbahn „Dragon Ride" umsteigen dürfen. Gemeinsam mit rund 50 anderen Passagieren schwebt man dann der Station Pilatus Kulm entgegen, während vor den Fenstern das spektakuläre Naturkino weiterläuft. Im Inneren der Gondel herrscht staunendes Schweigen, bis eine kleine Kapelle ins Blickfeld gerät und mein Mut machender kleiner Mitfahrer in die Stille hinein fragt „Ob Gott da noch wohnt?" Diese Frage kann man sich durchaus stellen, so einsam und verlassen wie dieses Kirchlein da auf 1864 Metern am Rande eines Felsplateaus steht, ganz so als würde es über dem Abgrund balancieren. „Das ist bloß sein Ferienhaus", antwortet der ältere Bruder und verrät, dass kluge Schweizer Kinder den touristischen Wert einer Gegend blitzschnell erkennen. Sogar Gott würde auf dem einmalig schönen Pilatus seinen Urlaub verbringen und tatsächlich erzählt ausgerechnet dieses „göttliche Feriendomizil" von den Anfängen des Tourismus auf dem Lieblingsberg der Luzerner.

In den Jahren 1856 bis 1860 wurde auf dem Klimsenhorn das erste Gast- und Kurhaus auf dem Pilatus errichtet. Zur Anlage gehörte auch die Klimsenkapelle, die im Jahr 1861 eingeweiht wurde und für deren Baustil Architekturbücher den Begriff „neugotisch" parat haben. Knapp einhundert Jahre später mussten die längst baufälligen Hotelgebäude abgerissen werden. Einzig das Gotteshaus blieb stehen. Seit rund 160 Jahren trotzt es den extremen Witterungsbedingungen da oben, erträgt gewaltige Winde, trommelnden Regen und extreme Temperaturschwankungen.

Obwohl ich weiß, dass regelmäßige Sanierungen die Kapelle zuverlässig vor dem Verfall bewahren, ist die Freude des Wiedersehens doch jedes Mal groß, wenn ich sie bei meinen mittlerweile regelmäßigen Besuchen durch das Seilbahnfenster erspähe – ein Symbol für Stärke und Unerschütterlichkeit, das mich ruhig und andächtig werden lässt. „Du kannst nie tiefer fallen als in Gottes Hand" – auf einem felsigen Grat, fast 1900 Meter über dem Meer und mit einer standfesten Kapelle im Rücken wirkt dieser Satz selbst in atheistischen Ohren überzeugender als sonst wo auf der Welt.

Info

Lage: Klimsen, 6052 Hergiswil. Zum Schlossweg 1 in Kriens, wo die Seilbahn losgeht, sind es etwa vier Kilometer vom Zentrum Luzerns aus. Die Seilbahn führt bis zur Haltestelle Fräkmüntegg. An der Station Fräkmüntegg erfolgt der Umstieg in die Luftseilbahn „Dragon Ride". Während der Fahrt zum Pilatus Kulm bieten sich die besten Ausblicke auf die Kapelle.

Wanderung: Erfahrene Bergwanderer mit guter Kondition steigen von Fräkmüntegg aus über den Heitertannliweg zum Sattel des Klimsen mit der Kapelle und anschließend weiter durch die Westflanke und das Chriesiloch den Pilatus Kulm hinauf. Schwierigkeitsgrad: T3, anspruchsvoll. *bergwelten.com/t/w/25274*

Websites: *pilatus.ch, alpenfreundepilatus.ch*

HINWEIS: Am dritten Sonntag im August wird alljährlich ein Berggottesdienst auf dem Klimserhorn gefeiert.

46 Date mit Alpen-Machos

STEINBOCKKOLONIE AUF DEM PILATUS

Wer sie treffen möchte, muss zwar hoch hinaus, selbst aber keine alpinen Hochleistungen erbringen. Das kann man ganz und gar den Steinböcken auf Luzerns Hausberg überlassen und sich selbst auf gemütlichen Wanderwegen vergnügen.

„Wie mühelos das aussieht, bei diesen Angebern", fährt es mir hämisch durch den Kopf. Da erklimmen sie mit lockeren Sprüngen die steilsten Berge, schlagen flinke Haken und springen elegant über Abgründe – und ich? Ich kann den Steinböcken bloß neidvoll hinterherschauen. Gerade erst haben wir eine kleine Gruppe auf einem nahen Hang entdeckt und stehen jetzt da wie ein in Harz gegossener Haufen – steif und stumm, um die Tiere nur ja nicht zu verscheuchen. Möglich, dass so viel Vorsicht gar nicht nötig wäre, schließlich sind das ja alles Nachfahren furchtloser Italiener und haben bestimmt den Mut der echten Machos

Tierischer Star

noch im Blut. Wie bitte? Die Kurzfassung dieser grotesk anmutenden Behauptung geht so: Begehrt als Fleisch-, Fell- und Trophäenlieferanten wurden die Tiere einst massiv bejagt. Den letzten Schweizer Steinbock erschoss ein Jäger im Jahr 1809. In freier Wildbahn waren sie damit jedoch nicht nur hier, sondern im gesamten Alpenraum ausgerottet. Allein der italienische König Vittorio Emanuele III. hielt einige Exemplare in Gefangenschaft.

Steinbock-Trio

Teilen wollte er sie mit niemandem und so stibitzten sich die Schweizer einige Jungtiere aus Italien, um sie im eigenen Land wieder ansiedeln zu können – mit Erfolg. In den Schweizer Alpen lebt heute eine Population von etwa 17.000 Tieren.

Auf dem Pilatus sind sie seit rund 60 Jahren wieder heimisch und testen die Wirkung ihres Charmes auf Wanderer aus. Ob sie nun mit Leichtigkeit senkrechte Wände hochgehen oder ihren Kitzen im Frühsommer das Klettern beibringen, ob sie bloß Bergkräuter fressen oder besonders fotogen auf einem Felsvorsprung herumstehen – immer erliegen wir ihrer Bannkraft. Mit ihren muskelbepackten Körpern und den wuchtigen Hörnern, die ihre Häupter krönen, sind sie die geborenen Poser und einfach unwiderstehlich. Da können die Berner Alpen im Sonnenlicht dramatisch erglühen, da mag der Vierwaldstättersee noch so blau

Auf der Pirsch

blitzen – wenn sie neben dem Felsenweg auftauchen, der uns Richtung Tomlishorn-Gipfel führt, gilt unsere Aufmerksamkeit allein ihnen. Sie reagieren übrigens tatsächlich viel gelassener auf Menschen als ihre scheuen Artgenossen in anderen Alpenregionen; dass wir auf sie treffen, verdanken wir aber entweder einem erfahrenen Wanderführer oder dem Schicksal, das sich auf unsere Seite geschlagen hat. Wir nennen das dann Glück, freuen dürfen sich aber auch die tierischen Teilnehmer dieses Meetings. Wer sich extra die Mühe macht, früh aufzustehen und lange zu wandern, um Steinböcke beobachten zu können, der kommt so schnell nicht wieder auf die Idee, sie auszurotten.

Fotografen gewöhnt

Info

Lage: Pilatus Kulm und Tomlishorn, Obwalden und Nidwalden. Die Bergstation Pilatus Kulm erreicht man mit den Pilatus Bahnen von zwei Seiten: von Alpnachtstad in 30 Minuten mit der steilsten Zahnradbahn der Welt oder von Kriens mit der Luftseilbahn über Fräkmüntegg.

Wanderung: Von Pilatus Kulm führt der Blumenpfad in rund 45 Minuten zum Tomlishorn, dem höchsten Gipfel des Pilatusmassivs. Wer die Steinböcke unter der Leitung erfahrener Wildhütern besuchen möchte, kann von Juni bis Oktober spezielle Steinbock-Touren buchen

Website: *pilatus.ch/entdecken/steinbock-safari*

HINWEIS: Mit einer Übernachtung auf dem Pilatus im Hotel Bellevue oder Hotel Pilatus-Kulm (beide buchbar über *pilatus.ch*) kann man spektakuläre Sternensicht und grandiose Sonnenaufgänge erleben, bevor man sich ausgeruht auf die Suche nach Steinböcken macht.

47 Einfach schweben

SEILBAHN-SAFARI RUND UM DEN SEE

Von schönen Aussichten kriegt man nie genug. Die Schweiz hat davon reichlich, doch aus eigener Kraft könnte man einige der schönsten nie erreichen. Wie gut, dass Seilbahnen ihre Fahrgäste beflügeln.

Wird das ein Drahtseilakt? Man muss nicht unter Höhenangst leiden, um diese Vehikel mit gebührender Skepsis zu betrachten. Es genügt völlig, einfach nicht an ruckelige Fahrten in knarzenden Seilbahnen gewöhnt zu sein, um beim Anblick einer Platzangst auslösenden Gondel für maximal vier Passagiere mit einiger Berechtigung zu klagen: „Das ist kein Transportmittel. Das ist eine Mutprobe." Für schwindelfreie Bergliebhaber ist das Seilbahnsystem rund um den Vierwaldstättersee aber zweifellos ein echtes Eldorado. Das Angebot reicht von einfacher Bauart bis zur technischer Perfektion, von nostalgisch bis zu futuristisch und hält einige Superlative bereit.

Mini-Gondel auf den Pilatus

Die älteste Bergbahn Europas bringt ihre Gäste seit 1871 von Vitznau zur Station Rigi Kulm und die weltweit steilste Zahnradbahn erklimmt den Luzerner Hausberg Pilatus auch schon seit 130 Jahren. Mehr Furore macht jedoch die Gondel der Titlis-Luftseilbahn, die sich sagenhafte 3020 Meter hochschraubt. Während der fünfminütigen Fahrt von der Zwischenstation Stand zur Berg-

Titlis-Bahn

station Klein Titlis dreht sich ihr Kabinenboden sanft um 360 Grad, sodass alle Passagiere eine perfekte Rundumsicht auf Schneegipfel und Gletscherspalten genießen.

Dass es in der spektakulären Schweizer Seilbahnlandschaft nichts gibt, was nicht noch steigerungsfähig wäre, beweisen die trommelförmigen Kabinen der steilsten Standseilbahn der Welt, die bis zum Erreichen des Bergdorfs Stoos eine sagenhafte Steigung von 110 Prozent bewältigen. Mein Favorit unter den Bahn-Neuheiten aber ist die CabriO-Bahn, eine doppelstöckige Pendelbahn mit offenem Oberdeck. Auf der Sonnenterrasse stehen, sich Gebirgsluft um die Nase wehen lassen und dem rund 1900 Meter hohen Stanserhorn entgegen gleiten – das ist pures Seilbahnglück.

CabriO Stanserhorn

Ob blecherne Büchse oder Meisterwerk moderner Ingenieurstechnik, bloße Verkehrsmittel sind Seilbahnen nie. Wenn es über Baumwipfel hinweg steil aufwärts geht, über tiefe Schluchten hinweg, vorbei an Wasserfällen, Murmeltieren und schroffen Felswänden, in denen sich Kletterer mühsam nach oben arbeiten, während die Bahn ihren Gästen alle Aufstiegsmühen abnimmt, dann ist der Schwebezustand zwischen Himmel und Erde nicht nur bequem und bilderbuchschön, sondern so berauschend, dass selbst kleine Angsthasen immer wieder einsteigen.

Dragon Ride

Info

Kleine Bergbahn-Auswahl:

- Pilatusbahnen: Kriens – Frägmüntegg – Pilatus Kulm; Schlossweg 1, 6010 Kriens, *pilatus.ch*
- Titlis Bergbahnen: Engelberg – Gerschnialp – Trübsee – Stand – Titlis; Gerschnistrasse 12, 6390 Engelberg, *titlis.ch*
- CabriO Stanserhorn-Bahn: Stans – Kälti – Stanserhorn; Stansstaderstrasse 19, 6370 Stans, *stanserhorn.ch*

HINWEIS: Auf *deine-berge.de* kann man sich eine Karte mit allen Bergbahnen rund um den Vierwaldstättersee anzeigen lassen.

48 Die kleine Flatter

SCHMETTERLINGSPFAD LUNGERN

Eine Flugshow der besonderen Art können Wanderer im Kanton Obwalden bestaunen. Oberhalb des Lungernsees tummeln sich so viele verschiedene Schmetterlingsarten wie nirgends sonst in der Schweiz. Ein Ausflug in die Welt von Admiral und Alpenbläuling.

Sommerbunte Bergwiese

Wer der Schönste ist im ganzen Land? Der mit der weißen Halskrause und den purpurroten Punkten, das winzig zarte Wesen in Eisblau oder doch der Vanillegelbe mit den tiefbraunen Spitzen? Einer Laienjury bleibt nur die bewundernde Beschreibung des Aussehens. Um dem Schönheitskönig aber auch einen Namen geben zu können, braucht es einen Lepidopteristen, denn nur ein Schmetterlingskundler kann Thymian-Widderchen, Hufeisenkleefalter, Kaisermantel und Brauner Bär voneinander unterscheiden. Gut, dass entlang des Schmetterlingspfades in Lungern zahlreiche Schautafeln über die auffälligsten und wichtigsten Falter informieren. In keiner anderen Region der Schweiz ist die Vielfalt an filigranen Faltern so groß wie in den Emmentaler Alpen zwischen Schönbüel und Lungernsee. Über 100 Schmetterlingsarten haben hier eine Heimat gefunden in wildwuchernden Wiesen, Hecken, Mischwäldern und Mooren, die sich wie eine grün-braune Patchwork-Decke über die steilen Hänge rund um den See gelegt haben.

Kaisermantel

Zum Ausgangspunkt des Schmetterlingsweges bringt einen die Lungern-Turren-Seilbahn. Die mehrstündige Wanderung zurück ins Tal führt durch außergewöhnlich artenreiches Pflanzenschutzgebiet. Bienen schwirren durch die Luft, aufgeschreckte Heuschrecken hüpfen ins hohe Gras und violette Alpen-Akeleien blühen um die Wette mit Orchideen- und Lilienarten, deren Namen man erst im Pflanzenführer nachschlagen muss. Papillon-Pilger begeistern sich ohnehin nur solange für leuchtende Blüten und die herrliche Aussicht auf die Berner und Zentralschweizer Alpenwelt bis ein prächtiges Pfauenauge seinen anmutigen Auftritt hat, ein bernsteinfarbener Kleiner Fuchs mit dem Gelb des Löwenzahns konkurriert oder ein Schwalbenschwanz beim Flirt mit der Sonne vorführt, welche stilvollen Muster sich der göttliche Designer ausgedacht hat. Starr wie Rehe im Scheinwerferlicht verharren die Wanderer dann inmitten einer Bergwiese, um das feenhafte Geschöpf vor sich bloß nicht aufzuschrecken. „Die höchste Freude an der Zeitlosigkeit ist, wenn ich zwischen seltenen Schmetterlingen und ihren Nahrungspflanzen stehe. Das ist Ekstase“, beschrieb der Schriftsteller und Lepidopterist Vladimir Nabokov seine Leidenschaft, die jeden packt, der sich genug Zeit nimmt, um die Schönflügel beim Schaukeln im Sonnenlicht zu beobachten.

Schwalbenschwanz

Tagpfauenauge

Info

Lage: Lungern-Turren-Bahn, Wichelstrasse 2, 6078 Lungern. Nach Luzern sind es etwa 40 Kilometer.

Wanderung: Die kleine Rundwanderung auf dem Schmetterlingspfad startet und endet bei der Bergstation der Lungern-Turren-Seilbahn (*turren.ch*). Die erste Etappe des Schmetterlingspfades (SchweizMobil Route Nr. 575) führt von der Bergstation der Seilbahn hinunter zum Dundel und anschließend weiter zum Aussichtspunkt nach Sädel. Weiter geht es durch Alp- und Magerwiesen bis Feldmoos. Hier kann man noch entscheiden, ob man sich den gut vierstündigen Gesamtweg mit seinen 14 Kilometer Länge und 1250 Meter Abstieg zutraut oder lieber die ausgeschilderte Abkürzung über Aegertenwald und Dundel zurück zur Bergstation nimmt und damit etwas mehr als zweieinhalb Stunden unterwegs ist. Eine gute Tourenbeschreibung findet sich auf *schweizmobil.ch/de/wanderland/routen/route-0575.html*

Website: *lungern-tourismus.ch*

HINWEIS: Die beste Zeit, um Schmetterlinge zu bestaunen, ist zwischen Juni und Oktober.

49 Schnabelhafte Snacks

ALPENDOHLEN AM TITLIS

Zum Schweizer Tiefschnee-Eldorado haben Wintersportler die Hänge rund um den Titlis in den Urner Alpen erkoren. Der Berg und sein Gletscher dürfen aber auch einfach nur eine überwältigende Naturkulisse und schützenswerte Heimat für zutrauliche Hochgebirgsbewohner sein.

Von Schneematsch und Nebelgrau geplagte Städter sind mit der Aussicht auf besseres Wetter so leicht zu locken wie Meerschweinchen mit dem Rascheln der Heutüte. Zu den beliebtesten Sonnenspendern im Winter gehört der Titlis bei Engelberg im Kanton Obwalden, keine Stunde entfernt von Luzern. Die 600 Höhenmeter der letzten Etappe bis zur Bergstation Klein-Titlis überwindet man in der Drehgondelbahn „Rotair". Nicht die Gondel selbst rotiert, sondern der Kabinenboden, sodass die Passagiere einmal an allen Fenstern vorbeigeführt werden. Diese 360-Grad-Ouvertüre stimmt auf die gewaltige Gipfellandschaft ein, die einen oben empfängt. Doch gerade wegen der fantastischen Aussicht wird der Titlis regelmäßig von Urlaubspiraten gekapert, erst recht seit der Eröffnung der höchstgelegenen Hängebrücke Europas auf 3041 Metern über dem Meer.

Flugshow

Der Weg dorthin gleicht einem touristischen Hindernislauf – raus aus der kreisenden Seilbahn, rein in eine blau beleuchtete Eishöhle und rauf auf die mutprobentaugliche Brücke, die über einen 500 Meter tiefen Abgrund schaukelt und selbst Orkanen und massiven Schneefällen standhalten können soll. Anschließend

Begehrtes Fotomotiv

geht es mit dem „Ice Flyer"-Skilift hinauf, um auf den funkelnden Gletscher hinabschauen zu können. Bisschen viel Technik und Show auf dem Berg.

Statt inszenierte Alpenabenteuer, Animation und Funsport darf aber auch das Schweizer Schonprogramm gewählt werden. Während sich die einen also beim Überschreiten des 100 Meter langen „Titlis Cliff Walk" weiche Knie holen, bleiben andere adrenalinabstinent und besuchen auf der Panoramaterrasse die tierische Attraktion hier oben – Alpendohlen. Wanderern sind die Vögel

Gefiederte Entertainer

mit dem metallisch glänzenden, tiefschwarzen Gefieder als treue Begleiter auf ihren Bergtouren bekannt. Die Tiere leben ganzjährig in windgeschützten Felsspalten und -höhlen. Im Winter aber ziehen sie zur Futtersuche täglich ins Tal – eigentlich. Seit Touristen netterweise den Lieferservice übernehmen, steuern sie bevorzugt Picknickplätze und Bergrestaurants an. Auch auf der Titlis-Terrasse stellen sie mit akrobatischen Flugshows ihre entertainerische Erstklassigkeit unter Beweis, um sich als Belohnung mit Pommes frites und Croissants den Cholesterinspiegel in die Höhe treiben zu lassen. Gesünder sind mitgebrachte Sultaninen, die einem die fast zahmen Alpendohlen aus der Hand fressen. Was gibt es Schöneres als umgeben von erhabenen Schneegipfeln in der Sonne zu sitzen und zu beobachten, wie auch bei Vögeln die Liebe durch den Magen geht.

Fütterung

Info

Lage: Titlis Bergbahnen, Gerschnistrasse 12, 6390 Engelberg. Engelberg ist etwa 35 Kilometer von Luzern entfernt.

Website: *titlis.ch*

HINWEIS: Von der Titlis Talstation in Engelberg fährt die Gondelbahn Titlis Xpress bis zur Station Stand. Dann geht es mit der drehbaren Luftseilbahn Titlis Rotair weiter bis zum Titlis.

50 Ein Stück vom Himmel

SPIEGELSEE AUF DER FÜRENALP

Dürfte ich nur einen einzigen Ort für einen Ausflug außerhalb Luzerns empfehlen, dann diesen Geruhsamkeitsgaranten hoch in den Bergen des Kantons Obwalden. Aber Achtung: Zu den häufigsten Nebenwirkungen eines Besuchs gehören unkontrollierbares Seufzen und eine lebenslängliche Sehnsucht.

Genau hier wird eines Tages Godot vorbeikommen. Ich warte auch so lange. Kein Ort in der ganzen Schweiz, an dem ich es lieber täte als hier, am Spiegelsee auf der Fürenalp. Die liegt 1850 Meter über dem Meer auf dem Plateau einer spektakulär

Natur pur

abfallenden Felswand. Nur sechs Minuten braucht die kleine ferrarirote Kabine der Luftseilbahn, um die letzten 800 Höhenmeter zu erklimmen. Auf der Sonnenterrasse des Alpgasthofs genießen einige Ausflügler bereits das gewaltige Bergpanorama und Schweizer Spezialitäten. Während hier Hackdätschli mit Härdöpfel, Älplermagronen und Racletterösti serviert werden, sind ganz in der Nähe sämtliche Gipfel ins Wasser gefallen, so scheint es jedenfalls. Der verwirrend starke Spiegeleffekt einer kristallklaren und vollkommen glatten Seeoberfläche lässt den Betrachter tatsächlich kurz zweifeln, wo oben und unten ist. Himmel und See ver-

Wandern oder schweben?

Gespiegelte Gipfel

schmelzen miteinander. Wolken gleiten über das Wasser und all die Berge, die sich gegenüber der Fürenalp erheben, liegen als kopfstehendes Spiegelbild vor meinen Füßen – Klein und Gross Spannort, der Bärenzähn-Gipfel, Grassengrat- und Schlossberg sowie die Titlis Ostwand, die einzige unter den grauen Majestäten, die ich ohne Hilfe der Panoramatafel benennen kann.

Der See bereichert nicht bloß die eigene Bildung und schenkt einem außergewöhnliche Ausblicke auf die Bergwelt, er verändert auch die Sicht auf das Leben. Irgendwo da unten ist die Leistungsgesellschaft gerade sehr beschäftigt. Updaten, mailen, youtuben, powernappen, selbstoptimieren und shoppen und das alles global und glutenfrei. Losgelöst von diesen anstrengenden Alltagsveranstaltungen herrscht auf der Fürenalp ein vollkommen anderes Lebensgefühl. Hummeln krabbeln summend in die herrlich nach Vanille duftenden Blüten des Männertreus. Gelbe Trollblumen, Krokusse und Alpen-Soldanellen schäkern mit der Sonne. Salamander huschen durch das Gras, Kaulquappen knabbern an meinen Füßen, die ich in das erfrischend kühle Wasser des Spiegelsees halte, und von der anderen Talseite tönt das Rauschen der Gletscherbäche herüber. Nichts ist gerade wichtiger, als einfach nur da zu sein. Wenn Godot jetzt käme, ich würde ihn sofort wieder wegschicken, nur um noch ein Weilchen weiter warten zu können.

Stille Stunden

Info

Lage: Fürenalp Bahn, Wasserfallstrasse 222, 6390 Engelberg. Engelberg ist etwa 35 Kilometer von Luzern entfernt.

Website: *fuerenalp.ch*

HINWEISE: Auf der Fürenalp starten viele Wanderrouten, angefangen von der einfachen auf dem Naturlehrpfad „Grotzliweg" bis zur anspruchsvollen Tagestour über den Surenenpass. Erfahrenen Alpinisten bietet der Klettersteig Fürenwand eine Herausforderung. Der Spiegelsee ist hingegen ganz einfach und in wenigen Minuten auf einem ausgeschilderten Pfad zu erreichen.

Register

Register

In der Reihe sind u. a. bisher erschienen:

Laura Kaiser,
Christoph Schaarschmidt
ISBN 978-3-96855-308-5
Preis 16,95 €

John Sykes
ISBN 978-3-96855-070-1
Preis 14,95 €

Carsten Heinke
ISBN 978-3-96855-299-6
Preis 16,95 €

Hilke Maunder
ISBN 978-3-96855-300-9
Preis 16,95 €

Ulrich Rosenbaum
ISBN 978-3-96855-249-1
Preis 16,95 €

Bildnachweis:

Alle Bilder von Thomas Schneider bildbaendiger.de außer: A_Savin, FAL, via Wikimedia Commons S. 67 | Adobe Stock Cover | Alessandro Gallo, CC BY-SA 3.0 S. 15o | Andrea Badrutt / wilden-mann / Luzern S. 66 | Anne-Sophie Weinmann S. 50, 51 | AURA Fotoagentur S. 11 | Barabas Hotel Luzern S. 20 | Beat Brechbühl S. 48 | Beat Brechühl/ Luzern Tourismus S. 118 | Bürgenstock Hotels & Resort S. 210-212, 214-217 | Canaturephoto, CC BY-SA 4.0 S. 119u | Christian Perret SGV S. 10 | cicer S. 89 | Edita Vertot / Buvette S. 86, 87, 88 | Fabian Kubelik S. 126, 128o | Fabian Kubelik S. 153o | Fräkigaudi S. 218-220 | Gletschergarten Luzern S. 18u | Heini Conditorei Luzern S. 74, 75, 77 | Ingo Höhn / dphoto.ch S. 90, 91 | JoachimKohlerBremen, CC BY-SA 4.0 S. 165 | Karten – Mapcreator.io, OSM.org, ©DLR, ©Airbus Defense and Space, ©Copernicus S. 24, 25, 29, 59, 101, 113, 139, 156, 195 | Kernenphotography / Claudio Kernen S. 49 | Laila Bosco S. 9, 17u, 26/27, 53, 70, 84/85, 119o, 129, 142/143 | Leiju, CC BY-SA 3.0 S. 128u | Lines voisy, CC BY-SA 3.0 S. 15u | Lines voisy, CC BY-SA 3.0 S. 19o | Lucerne-Tourism, CC BY-SA 4.0 S. 127 | Luzern Tourismus S. 12 | Mali Lazell / Theater Hora S. 92 | Manor S. 44 | Naturmuseum Luzern S. 103 | Nicole Quint / quint-und-quer.de S. 196, 201 | PILATUS-BAHNEN AG / Rainer Eder S. 226-229 | pixabay Jozsef Farago S. 162 | Quelle: Swiss Prime Site S. 95 | Roger Bieri and Daniel Di Palma, CC BY-SA 4.0 S. 164 | Schwyz Tourismus S. 202, 203, 204u, 205 | Sedel S. 114-117 | Seebad Luzern S. 145, 146o, 146u, 147 | Stanserhorn-Bahn AG S. 232u | Stefan Zürrer / Stoosbahnen S. 207 | Stiftung Hohle Gasse, Schweiz S. 204o | UNESCO Biosphäre Entlebuch/ Beat Brechbühl S. 179 | UNESCO Biosphäre Entlebuch/ FELDERVOGEL S. 175, 178u | UNESCO Biosphäre Entlebuch/ Martin Maegli S. 174, 176, 177 | UNESCO Biosphäre Entlebuch/ Renato Bagattini S. 178o | Urs Wys / KKL S. 82 | Vera Goldsmith/ Bourbaki S. 17o | WES1947, CC BY-SA 3.0 S. 153u | WES1947, CC BY-SA 3.0 S. 23 | wilden-mann/ Luzern S. 68, 69 | Yves Eberli S. 131o